살기 위해
울다

# 살기 위해 울라

ⓒ 생명의말씀사 2022

2022년 11월 28일 1판 1쇄 발행

**펴낸이** | 김창영
**펴낸곳** | 생명의말씀사

등록 | 1962. 1. 10. No.300-1962-1
주소 | 서울시 종로구 경희궁1길 6 (03176)
전화 | 02)738-6555(본사) · 02)3159-7979(영업)
팩스 | 02)739-3824(본사) · 080-022-8585(영업)

**지은이** | 최성은

기획편집 | 김유미, 장주연
디자인 | 조현진, 김혜진
인쇄 | 영진문원
제본 | 보경문화사

ISBN 978-89-04-16815-6 (03230)

저작권자의 허락없이 이 책의 일부 또는 전체를
무단 복제, 전재, 발췌하면 저작권법에 의해 처벌을 받습니다.

# 살기 위해 울라

최성은

생명의말씀사

## 팬데믹 시대를 통과하는 한 목자의 '목양심서'

이 책 느헤미야 강해서는 팬데믹 시대를 통과하는 한 목자의 '목양심서'(牧羊心書)입니다. 그는 울면서 이 책을 설교했습니다. 느헤미야 시대의 백성들이 울며 들었던 말씀을 그는 울면서 전했습니다. 많은 성도가 울면서 그 말씀에 반응했습니다. 그리고 하나님은 "울지 말고 기뻐하라"고 말씀하셨습니다.

복음서의 예수님은 세 번씩이나 울고 계셨습니다. 그분이 사시던 시대는 눈물 없이 지날 수 없는 황폐한 시대였습니다. 목자 없는 양들처럼 민초들이 방황하던 시대였습니다. 예수님은 그들을 불쌍히 여기셨고 그들 때문에 울고 계셨습니다. 그것이 목자의 심정이었습니다. 그러나 그 눈물은 양들을 다시 세우려는 회복의 치료제였습니다.

예수님의 눈물이 제자들을 세워 온 세상으로 흩어지게 한 것처럼, 느헤미야의 눈물은 예루살렘성을 재건하게 했습니다. 지금은 우리나라를 다시 세우고 한국교회를 다시 세울 때입니다. 이때 필요한 것이 느헤미야와 같은 리더십의 출현이요, 회복입니다. 그런 의미에서 한국교회는 다시 느헤미야서를 읽어야 할 때입니다. 이 책으로 한국교회의 성읍이 다시 재건되고 한국교회에 눈물의 리더십이 회복되는 모습을 보고 싶습니다. 한국교회 목회 지도자들과 평신도 지도자들에게 이 책을 강력히 추천합니다. 울면서 다시 우리 교회를 세워야 할 때입니다.

_ 함께 그 교회의 회복을 기도하며,
이동원(지구촌 목회리더십센터 섬김이)

### 지금 우리는 회복이 필요한 때

『살기 위해 울라』는 회복의 책입니다. 저자는 느헤미야를 통해 회복의 메시지를 전해 줍니다. 지금 우리는 회복이 필요한 때입니다. 저자는 이 시대의 느헤미야와 같은 분입니다. 이민자의 삶을 살다가 느헤미야처럼 고국으로 돌아와 회복과 부흥 운동을 전개하고 있습니다.

저자는 훌륭한 설교자입니다. 제가 발견한 저자의 훌륭함은 그의 눈물에 있습니다. 저자는 눈물과 함께 말씀을 전하고, 눈물과 함께 기도합니다. 이 책에는 저자의 눈물과 땀과 피가 담겨 있습니다.

저자는 탁월한 영적 리더입니다. 저자가 깊은 묵상과 연구를 통해 전해 주는 리더십의 정수가 이 책에 담겨 있습니다. 이 책을 통해 느헤미야와 같은 인물들이 많이 일어나기를 기도합니다. 이 책을 통해 조국 교회와 디아스포라 교회들이 회복되고 부흥을 경험하는 역사가 일어나길 기도합니다. 이 책을 회복을 넘어, 부흥을 갈망하는 모든 분에게 추천합니다.

_ 강준민(LA새생명비전교회 담임목사)

### 하나님 품에 안겨 참된 위로를 받게 될 것

코로나19 팬데믹으로 인해 삶이 송두리째 흔들리게 되었고, 한국교회는 공적 신뢰를 상실하며 세상으로부터 온갖 비판을 받고 있습니다. 언제 종식될지 모르는 두려움과 불안함은 개인과 공동체를 무너뜨리고, 깊은 좌절과 절망으로 몰아갑니다.

바벨론의 침공으로 나라를 빼앗기고 성전마저 훼파된 것을 지켜보며 망연자실했던 유다 백성의 모습이 마치 오늘날 우리의 모습 같습니다. 그러나 느헤미야를 통해 '회복을 넘어, 부흥으로' 인도하시는 하나님의 손길을 바라보게 됩니다. 진리를 사모하는 영적 갈급함으로 '말씀'으로 다시 돌아갔을 때 그들은 참다운 회개를 통해 가슴을 찢으며 울며 애통했고, 회복시키고 부흥시키시는 하나님으로 말미암아 진정 기뻐하며 나누는 삶을 살 수 있었습니다. 역설적이지만, 다시 회복하고 부흥하여 살기 위해서는 하나님 앞에서 울어야만 합니다. 애통하는 자들만이 하나님의 품에 안겨 참된 위로를 받게 될 것입니다.

**_ 김병삼(만나교회 담임목사)**

### 성도들과 상처 입은 교회를 향한 목회자의 뜨거운 사랑

설교자에게 중요한 것은 무엇일까요? '진정 그 시대에 주님의 부름을 받았으며, 부름에 따라 헌신하는가'입니다. 또한 '그 시대의 죄악과 불순종, 고통과 절망에 대하여 얼마나 진정으로 애통하며, 하나님의 뜻을 찾고, 구원의 길로 인도하고 있는가'입니다.

이사야는 대낮에 벌거벗고 맨발로 거리를 누빔으로 시대의 실상과 일어날 일을 폭로하였고, 예레미야는 백성들의 죄악상과 멸망의 날을 내다보고 울어야 했습니다. 느헤미야 역시 예루살렘의 무너진 성벽과 성문 그리고 짓밟힌 동족의 소식을 듣고 통곡하며 금식했고 주 안에서 소망을 선포했습니다.

왜 저자는 코로나19 팬데믹 시대에 느헤미야서를 택하여 선포했을까요? 그리고 그 선포에 대하여 왜 『살기 위해 울라』라는 제목을 붙였을까요? 저자는 예언자 느헤미야의 심정 속에서 자신을 발견하고, 느헤미야 시대에서 오늘의 유비 상황을 발견합니다.

저자는 설교자요 목회자로서, 회개하지 아니하고 남을 탓하고 투쟁하는 이 시대를 향해, 죄악을 회개하며 울어야 살아날 수 있음을 선포합니다. 동시에 독자들에게는 친절하고 부드럽게 설명하며, 매우 낙관적으로 회복을 넘어 부흥을 선포합니다. 이는 성도들과 상처 입은 교회를 향한 목회자의 뜨거운 사랑에서 나온 것입니다. 순수하고 여린 진실이 보입니다. 이 책에서 우리는 영혼의 치유와 가정의 회복과 이 시대의 구원을 만날 수 있을 것입니다.

_ 이주연(산마루교회 담임목사)

### 건강한 교회를 세우는 주인공의 삶을 회복하게 될 것

암울한 시대를 살아가는 그리스도인이 간절히 바라는 것은 하나님, 가족, 교회, 사회 앞에서 정체성을 회복하는 것입니다.

이런 점에서 볼 때 최성은 목사님의 『살기 위해 올라』는 구약성경 느헤미야서의 가르침을 기초로 하여 그리스도인 개개인은 무너진 영성을 회복하고, 교회는 신앙 공동체로서의 생동력을 '회복'할 수 있도록 구체적인 길을 제시하는 귀한 책입니다.

이 책은 느헤미야가 활동하던 시대의 사회적 상황과 실존적 문제들 그리고 느헤미야서의 신학적 주제들을 알기 쉽게 소개하고 있습니다. 마치 느헤미야가 타임머신을 타고 우리 앞에 직접 나타나 절망과 염려, 상처와 영적 무기력감으로 쓰러져 가는 목회자, 성도 그리고 한국교회를 위해 회개와 회복의 메시지를 선포하는 것처럼 느끼게 합니다.

그러므로 개인적인 고난과 역경들로 암울하고 눈물겨운 나날을 보내고 있는 이들은 이 책에서 제시하는 믿음의 지침들을 따라 걷다 보면, 영육 간에 치유와 회복을 맛보면서 감격의 눈물을 흘리는 삶을 경험하게 될 것입니다. 또한 주님의 피 값으로 세우신 교회의 목회자와 성도들은 건강한 교회를 세우는 주인공의 삶을 회복하게 될 것입니다.

최성은 목사님의 『살기 위해 올라』 출간을 진심으로 축하하며, 이 책이 수많은 독자를 영육 간에 회복시키고, 한국교회를 부흥시키는 역사를 일으키기를 기도합니다.

**_ 이형원(전 한국침례신학대학교 구약학 교수, 현 반포침례교회 담임목사)**

### 인생의 성벽이 무너져 지친 그리스도인들에게

왜 하나님은 느헤미야를 부르셔서 무너지고 불타 버린 예루살렘 성벽을 재건하게 하셨을까요? 고대 국가에서 성벽은 한 나라의 주권이며, 국가의 상징이었습니다. 성벽이 무너졌다는 것은 국가가 없다는 뜻입니다. '하나님이 위로하신다'라는 뜻의 이름을 가진 느헤미야는 눈물의 사람이었습니다. 그의 통곡을 들으신 하나님은 그를 유다 총독으로 보내셨습니다. 그의 눈물의 기도를 통해 백성들은 한 손에 망치를 들고, 한 손에 무기를 들고 52일 만에 성벽을 재건했습니다. 하나님은 느헤미야의 분노와 눈물로부터 개혁의 불길이 일어나 거룩한 율법 공동체로 회복되게 하셨습니다.

팬데믹을 지나면서 한국의 느헤미야가 느헤미야서를 설교했습니다. 『살기 위해 울라』에 담긴 느헤미야의 눈물이 최성은 목사님의 가슴과 설교에 흐르고 있었습니다. 인생의 성벽이 무너져 지친 그리스도인들이 이 책을 읽으면 살기 위해 울음이 터지게 되고, 저자가 흘린 위로의 눈물이 내 삶에 회복을 만들어 내는 경험을 하게 될 것입니다.

**_ 조경호(전 대흥침례교회 담임목사, 현 디아스포라미션 대표)**

## 하나님의 은혜의 큰 역사를 기대하며

조국 사회가 많이 사나워졌습니다. 사람들이 분노하고 일상적으로 미움을 드러내어 사회 전체가 난폭해지고 있습니다. 시대의 이런 모습을 바라보면서도, 성도요 교회인 우리가 울기를 멈추었기 때문에 세상이 이처럼 잔인해지고 있는 것은 아닌지 돌아보게 됩니다. 지금은 교회와 성도들이 울며 기도해야 하는 때라고 생각합니다. 그럴 때 하나님이 들으시고 이 땅을 고치실 것입니다.

코로나19와 조국의 여러 현실로 고통스러운 이때 최성은 목사님이 『살기 위해 울라』라는 제목으로 책을 출간하게 됨을 크게 감사합니다. 모든 성도가 이 책을 통해 하나님 앞에서 울며 기도하고, 그럴 때 조국 교회와 사회를 새롭게 살려 주실 하나님의 은혜의 큰 역사를 기대하며 이 책을 즐거이 추천드리는 바입니다.

_ 화종부(남서울교회 담임목사)

## 목차

추천사　4
프롤로그　14

### Part 1. 회복을 준비하는 공동체

#### 1장　회복을 위한 준비

01　믿음, 하나님의 부르심에 반응하라　26
02　기도, 영원한 것에 투자하라　40
03　순종, 하나님께 접속하라　56

#### 2장　회복을 위한 열심

04　하나님의 오케스트라　74
05　공동체를 다시 생각하다: 손에 손잡고　84
06　내 삶에 무너진 성벽을 재건하라　94
07　하나님이 나를 위해 싸우신다　104

#### 3장　회복을 위한 전진

08　무너진 마음의 성벽을 재건하라　120
09　하나님이여, 이제 내 손을 강하게 하소서　132
10　하나님의 감동으로 다시 세우는 가문　144

## Part 2. 회복을 누리는 공동체

### 4장 회복의 문을 여는 말씀과 회개

11 회복으로 가는 가장 빠른 길　162
12 하나님을 기뻐할 때 삶에 어떤 변화가 일어날까　178
13 가정과 공동체여 살기 위해 울라　190

### 5장 회복을 누리는 삶: 그러면 어떻게 살 것인가

14 세상과 구별되나 세상의 존경을 받는 삶　208
15 세상에 살지만 하나님의 시간을 사는 삶　222
16 세상을 다스리지만 권리를 포기하는 삶　236

### 6장 진정한 회복, 회복을 넘어 다시 부흥으로

17 거룩한 성에 거할 자 누구인가　254
18 무엇으로 감사할 것인가　266
19 이제 다 같이 일어나 다시 건축합시다　276

에필로그　290

**프롤로그**

# 회복을 넘어,
# 다시 부흥으로

지난 3년 가까이 전 인류는 팬데믹을 경험하면서 뉴노멀 시대를 맞았습니다. 작게는 한 개인으로부터 크게는 공동체, 각 나라와 민족에 이르기까지 숱한 어려움과 불과 같은 고난을 거쳤습니다. 2022년 10월 현재, 전 세계적으로 코로나19 확진자는 6억 명을 넘어섰고, 사망자는 무려 700만 명에 이릅니다. 그런데 이것은 공식적인 통계일 뿐, 집계가 어려운 나라들의 현황까지 합치면 우리의 상상을 초월할 것입니다. 이렇게 마치 허리케인이 할퀴고 지나간 자리처럼 수많은 사람에게 지우기 힘든 상흔을 남기고 간 자리, 그곳에 꽃피운 것이 바로 '뉴노멀'입니다.

새로운 시대, 새로운 기준, 새로운 질서로 재편된 세계에서 그리스도인은 어떻게 살아가야 할까요? 세월의 흐름에 따라 풀은 마르고 꽃은 시들며 달라지는 세상 속에서, 영원히 변하지 않는 진리의 말씀인 성경은 (사 40:8) 이러한 시대를 살아가야 하는 현대의 그리스도인에게도 해답을 제공해 주고 있을까요? 과연 황무지에서 장미가 피어날 수 있을까요?

## 오늘을 위한 하나님의 친서

사랑의 하나님은 느헤미야서를 통해 섬세하고 세밀하게 오늘을 살아가는 그분의 자녀들에게 '회복을 넘어, 다시 부흥으로' 가는 문을 열어 두셨습니다.

2,400년 전 이스라엘 공동체가 처한 상황도 우리와 다르지 않았습니다. 주전 586년 바벨론 제국의 침공으로 남유다의 수도 예루살렘 성벽이 훼파된 지 140여 년이 지난 이스라엘 공동체의 실상은 그야말로 처참했습니다. 개인으로부터 시작해 공동체 곳곳에 이르기까지 패배 의식과 좌절감으로 가득 차 있었습니다. 부모 세대가 살기 위해 자녀들을 노예로 파는 인간성 상실의 극한, 천륜을 저버리는 죄까지 저지르고 있었기 때문입니다. 보호받을 수 있는 성벽도 없으니, 계속되는 주변 민족들의 약탈과 방화 및 살인으로 히브리 민족은 이집트 노예 시절보다도 더 참혹한 상태로 전락해 있었습니다.

모든 것이 무너져 버린 자리에서는 그 누구라도 망연자실할 수밖에 없습니다. 오래된 시련 속에서 지칠 대로 지친 사람들은 이제 커다란 울부짖음도 사치였습니다. 절망에 찬 탄식을 나지막이 내뱉을 뿐이었습니다.

그런데 그 탄식과 신음은 마침내 하나님께 상달되었고, 예루살렘으로부터 1,500km나 떨어진 대형 제국 페르시아 한복판에서 태어난 히브리인 2세, 느헤미야의 마음에 하나님의 마음이 전해졌습니다.

전쟁의 잿더미 위에서 하나님의 민족, 이스라엘 공동체는 다시 일어날 수 있을까요? 자녀를 노예로 팔아 버린 가정들이 회복될 수 있을까요? 전쟁과 약탈의 참혹한 현장 속에서 사랑하는 사람을 잃은 사람들의 마음은 치유될 수 있을까요?

느헤미야서는 '개혁을 넘어서 회복으로' 그리고 '회복을 넘어 부흥으로'에 관한 역사서입니다. 그런 의미에서 느헤미야서는 오늘날 영적 전쟁의 한복판을 살아 나가고 있는 저와 여러분 그리고 우리 모두의 이야기입니다. 그러므로 느헤미야서는 느헤미야 한 사람의 이야기가 아닙니다. 개인과 가정, 공동체에 관한 하나님 자녀들의 이야기입니다. 더 나아가 느헤미야서는 그분의 백성들이 한마음으로 연합할 때 하나님이 얼마나 강력한 역사를 일으키시는지를 보여 주는 놀라운 영적 승리에 관한 책입니다.

느헤미야서는 동시에 기도에 관한 책입니다. 느헤미야서의 서사에서 이스라엘 백성에게 위기와 결정의 순간이 닥칠 때마다 어김없이 느헤미야와 이스라엘 공동체의 간절한 기도가 등장합니다. 그렇게 그들은 살기 위해 울었습니다. 배가 고파서 울고, 그런 절망 가운데 울었습니다. 죄를 회개하면서도 울었습니다. 그리고 승리를 한 후에도 감격스러워서 울었습니다. 이런 느헤미야 공동체가 없었다면, 하나님의 사람들은 400년 후 그 땅에 오실 메시아를 준비할 수 없었을 것입니다. 이런 의미에서 느헤미야서는 하나님의 공동체로서 다음 세대를 준비하는 책이기도 합니다.

### '울어야 사는' 신앙의 패러독스

지구촌교회에 부임한 지 6개월밖에 되지 않은 시점에 팬데믹이 닥쳤습니다. 24년 만에 다시 돌아온 조국, 강산이 수차례 변해 옛 고향 거리의 흔적을 찾을 수 없었던 상황에서, 다시 한국 문화와 변화에 적응하느라 너무나 당황스러웠습니다. 그렇게 성도님들의 얼굴조차 제대로 파악하지 못한 상태에서 맞닥트린 팬데믹은 저에게 거대한 쓰나미 같았습니다.

수개월간 텅 빈 예배당에서 카메라를 응시하며 설교하는 제 모습이 마치 얍복 강가에 선 야곱 같다는 생각을 했습니다. 때로는 설교를 하다가 진땀을 빼기도 했습니다. 제한된 숫자로 예배를 드리는 성도님들의 마스크 너머의 숨겨진 표정을 알 수 없었기 때문입니다. 때로는 '이러다가 우리 교회 공동체가 어떻게 되는 것은 아니겠지' 하는 생각에 밤마다 벌떡 일어나 뜬눈으로 밤을 새우기도 했습니다. 다른 리더들 앞에서는 잘하는 척, 태연한 척했지만 모든 것이 아직 낯선 상황에 불어닥친 반갑지 않은 손님인 팬데믹은 제 인생에서 처음 만나 본 가장 큰 도전자였습니다.

그때 하나님이 저를 다시 일으켜 주신 말씀이 바로 느헤미야서였습니다. 무너진 개인, 가정, 교회 공동체, 민족과 국가의 위기 앞에서 하나님은 2,400년 전 참혹한 역사의 현장으로 저를 데려가셨습니다. 그리고 풀 한 포기 자랄 수 없는 막막한 광야에서 어떻게 장미꽃이 피어날 수 있었는지를 보여 주기 시작하셨습니다. 그러자 미국 개척 시절 이민 교회에서 느헤미야서를 통해 주셨던 벅찬 감동이 다시 한번 새롭게 가슴에 밀려왔습니다.

느헤미야는 예수님을 상징하는 인물이기도 합니다. 탁월한 행정가, 치밀한 전략가, 페르시아를 등에 업은 권세, 카리스마적인 리더십으로 무장한 리더…. 이 모든 것이 느헤미야를 설명할 수 있는 수식어입니다. 그러나 놀랍게도 그의 가장 강력한 무기는 바로 다름 아닌 '하나님 앞에 무릎을 꿇는 겸손함'이었습니다.

우리가 가장 사랑하는 예수님도 그러시지 않았습니까? 모든 것을 할 수 있고, 모든 것을 다 가진 예수님이시지만, 그분은 하나님 아버지 앞에 무릎을 꿇으셨습니다. 그리고 무너진 예루살렘을 위해, 고통받는 영혼들을 위해 탄식하셨습니다. 우셨습니다. 자신을 내주셨습니다. 그래서 우리는 느헤미야서를 통해서 예수님을 바라볼 수 있는 것입니다. 우리가 바라는 진정한 회복과 치료도 바로 거기서 시작됩니다. 이런 의미에서 느헤미야서는 신앙의 역설을 설명하는 책입니다.

"하나님의 율법책을 낭독하고 그 뜻을 해석하여 백성에게 그 낭독하는 것을 다 깨닫게 하니 백성이 율법의 말씀을 듣고 다 우는지라 총독 느헤미야와 제사장 겸 학사 에스라와 백성을 가르치는 레위 사람들이 모든 백성에게 이르기를 오늘은 너희 하나님 여호와의 성일이니 슬퍼하지 말며 울지 말라 하고"(느 8:8-9).

백성들은 말씀을 듣고 그 의미가 깨달아져 회개하며 울고 있는데, 하나님은 오히려 울지 말고 기뻐하라고 하셨습니다. 그렇습니다. 울어야 삽니다. 지금 팬데믹 시대를 살아가고 있는 우리는 주님을 바라보고 울어야 삽니다. 그래야 주님이 주시는 말씀으로 기뻐할 수 있습니다. 느헤미야서의 핵심 구절, "여호와로 인하여 기뻐하는 것이 너희의 힘이니라"(느 8:10)라는 말씀은 그런 의미에서 이해되어야 합니다.

### 세상의 모든 메마른 영혼에게

2021년, 팬데믹이 끝나 갈 소망이 보이지 않는 절망의 한복판에서 성도님들과 함께 나눈 느헤미야서 설교를 책으로 엮었습니다. 분량상 여러 간증과 일부 내용을 축약·수정하고 말씀과 적용 위주로 구성했습니다. 느헤미야서를 강해한 이 책은 이런 분들이 보시면 좋겠습니다.

- 계속된 고난과 시련으로 인해 좌절한 심령이 다시 뜨거워지기를 원하는 분
- 코로나19 팬데믹 상황에 가족을 보내고 슬픔 가운데 있지만, 가정을 재건하길 원하는 분
- 한반도 땅과 세계 선교를 위해서 지금도 골방과 성전에서 눈물로 기도하는 중보기도자들
- 대면 예배와 전도 및 각종 사역이 중단되었던 상태를 보내면서 마치 무너진 예루살렘 성벽을 재건하는 심정으로 기도하는 교회 리더들과 목회자들

이 책은 어려운 느낌의 주석서가 아닙니다. 목회자의 심정으로 누구나 쉽게 읽을 수 있도록 썼습니다. 여기에는 비전이 무엇인지 알기 원하는 청소년들과 청년들도 이 책을 읽었으면 하는 마음이 반영되었다고 할 수

있습니다. 그런 의미에서 부모가 자녀 세대에게 권면하면 좋겠습니다.

이 책이 나오기까지 늘 저의 손과 발이 되어 수고해 주신 지구촌교회 목양팀과 구약학자의 눈으로 감수해 주신 이형원 교수님, 교정에 수고해 주신 오현정 작가님, 늘 눈물의 기도로 동역해 주는 가족들 그리고 지난 3년간 팬데믹 상황 속에서도 신실하게 예배의 자리를 지키면서 주님 앞에 헌신한 지구촌교회 성도님들께 감사를 드립니다.

미력한 힘이나마 조국 교회 공동체와 우리의 가정 그리고 다음 세대가 느헤미야서를 통해서 다시 한번 소망을 가지고 회복되어 사명을 감당하기를 간절히 기도합니다. 느헤미야서가 이 시대에 답입니다.

'회복을 넘어, 다시 부흥으로!'

지구촌교회 목양실에서
최성은 목사

# Part 1.
# 회복을 준비하는 공동체

1장
## 회복을 위한 준비

# 믿음,
# 하나님의 부르심에 반응하라

_느 1:1-11

•

"이제 종이 주의 종들인 이스라엘 자손을 위하여 주야로 기도하오며 우리 이스라엘 자손이 주께 범죄한 죄들을 자복하오니 주는 귀를 기울이시며 눈을 여시사 종의 기도를 들으시옵소서"(느 1:6).

영웅은 항상 난세에 등장합니다. 미국에서 이민 목회를 할 당시 김명민이라는 명배우가 주연한 역사극 "불멸의 이순신"을 보며 얼마나 가슴이 뛰었는지 모릅니다. 임진왜란이라는 절망적인 상황에 처한 조선은 이 난세의 영웅 이순신 장군 덕분에 위기를 모면하곤 했습니다.

'난세의 영웅'이라는 말은 바꾸어 표현하면 '시대가 평화로우면 영웅이 등장하지 않는다'라는 말과 같습니다. 사람들은 모든 것이 풍족하면 기적이나 영웅의 필요성을 느끼지 못하지만, 소망이 없고 역사에 어두움이 짙게 깔리면 그 시대를 밝혀 줄 영웅을 찾습니다. 인간의 역사가 이러한 사실을 반복적으로 보여 줍니다.

이런 면에서 유대 민족의 가장 암울한 역사 속에서 혜성처럼 등장한 하나님의 사람이 있었습니다. 바로 느헤미야입니다. 과연 그는 무너진 예루살렘 도시의 성벽과 백성의 마음인 영적 성벽을 어떻게 재건할 수 있었을까요? 느헤미야서는 오늘도 무너진 장벽을 재건하고자 하는 모든 소망을 가진 이들에게 최고의 지침을 제공합니다.

## 난세의 영웅, 느헤미야

이스라엘의 남유다 왕국은 주전 586년 앗시리아를 물리치고 중동의 패권을 차지한 바벨론에게 멸망했습니다. 그때 수많은 유능한 사람들이 포로로 잡혀가 바벨론 제국 지역으로 흩어졌습니다. 그러나 땅 위에 영원한 강자는 없는 법. 50년 가까이 흐른 주전 539년에 바벨론 제국은 바로 그 옆 동쪽의 새로운 강대국인 메대와 페르시아에게 패권을 넘겨주고 말았습니다. 느헤미야는 바로 이러한 환경 속에서, 바벨론 포로 시절에 잡혀간 히브리인의 2세로 페르시아 지역에서 태어났습니다.

페르시아인의 눈으로 볼 때 느헤미야는 히브리인 포로의 후손이지만, 에스더를 여왕으로 삼은 아하수에로왕의 아들, 즉 아닥사스다왕의 술 맡은 관원장이었습니다. 당시 술 맡은 관원장의 위치는 지금의 대통령 비서실장 정도에 해당하는 중직이었습니다.

이런 술관원은 왕의 절대적인 신뢰를 받으며 신분에 전혀 문제가 없는 사람이어야 했습니다. 그의 주 임무가 왕의 독살을 막는 것이었기 때문입니다. 술관원은 왕이 먹는 모든 음식을 조사했습니다. 또한 술관원은 왕이 가는 곳이면 어디든 늘 동행하는 임무도 맡은 다재다능한 재원이기도 했습니다. 그러니 느헤미야는 페르시아 제국 내에서 나는 새도 떨어뜨린다는 권력의 핵심부에 들어가 있었습니다.

그러던 어느 날, 느헤미야에게 삶의 터닝 포인트가 찾아왔습니다.

"하가랴의 아들 느헤미야의 말이라 아닥사스다왕 제이십년 기슬르월에 내가 수산궁에 있는데"(느 1:1).

기슬르월은 지금의 11-12월이고, 수산궁은 페르시아 왕들이 겨울에 거하던 성입니다. 아닥사스다왕이 보위에 오른 지 제20년 기슬르월에 느헤미야는 수산궁에 있었습니다. 그리고 그때 느헤미야는 방금 예루살렘을 탐방하고 돌아온 동생 하나니에게 자기 민족의 처참한 소식을 전해 들었습니다. 바로 예루살렘 주변 민족의 노략으로 모든 성벽과 성문이 무너지고, 그로 인해 히브리 민족이 약탈당하고 늘 침략의 위험 속에 살아가고 있다는 소식이었습니다. 그런데 이 말을 들은 느헤미야의 반응이 놀랍습니다.

"내가 이 말을 듣고 앉아서 울고 수일 동안 슬퍼하며 하늘의 하나님 앞에 금식하며 기도하여"(느 1:4).

느헤미야는 히브리인 2세로 페르시아 제국의 통치 아래 태어나 제국의 고위 관리직으로서 평생 편안하게 살 수 있었습니다. 그러나 그는 자신이 하나님께 속한 사람이라는 사실을 잊지 않았습니다. 또한 증조할아버지와 할아버지 그리고 아버지의 조국이 자신의 조국이라고 믿고 있었습니다. 그런 느헤미야는 예루살렘의 참담한 소식을 듣고는 기도하고 울부짖으며 금식하기 시작했습니다.

느헤미야가 이처럼 식음을 전폐하고 금식하며 울부짖으며 기도한 데는 역사적인 배경이 있습니다. 바벨론 포로로 잡혀간 이스라엘 백성은 3차에 걸쳐 귀환했는데 그때마다 그들은 훼파된 성전과 성벽을 재건하는 일과 율법을 가르치는 일에 힘썼습니다. 이를 정리해 보면 다음과 같습니다.

- 주전 537년
  - 남유다 멸망 후 약 50년. 페르시아 왕 고레스가 조서를 내려서 스룹바벨의 지도 아래 약 5만 명이 귀환함
  - 전쟁으로 파괴된 예루살렘 성전을 건축했지만, 사마리아인들의 방해로 약 17년간, 즉 주전 520년까지 성전 건축이 중단되었다가 완공됨(주전 515년)
  - 건축 중단 시 학개와 스가랴 선지자가 부흥을 위해 영성을 준비시킴
  - 성전의 기초 준비를 마친 백성은 이전의 화려하던 예루살렘 성전보다 너무 빈약했기에 하염없이 눈물을 흘림

- 주전 458년
  - 제1차 귀환 후 약 80년이 지난 주전 458년 페르시아 왕 아닥사스다 1세 때 학사 겸 제사장 에스라가 어린아이와 여자까지 약 5천 명을 데리고 예루살렘에 돌아옴
  - 성전 재건 후 유다 백성들이 율법을 준수하는 공동체가 되도록 이끎

- 주전 444년
  - 아닥사스다 1세 때 하나님이 느헤미야를 부르심

느헤미야는 이방 땅에서 자신의 조국과 민족이 사라진 일을 모른 채 자랄 수도 있었습니다. 그러나 그는 아버지 하가랴와 조상들로부터 이스라엘의 역사를 들으면서 자랐음이 틀림없습니다. 느헤미야의 이름 뜻이 '하나님이 위로하신다'라는 것만 보아도 알 수 있습니다. 전쟁으로 나라가 없어진 슬픔을 하나님이 위로하시고 결국 회복시키실 것을 믿는 소망

을 가지고 지은 이름이기 때문입니다.

　우리나라에는 나라를 위하여 싸우다 숨진 장병과 순국선열들의 충성을 기리기 위하여 정한 날, 현충일이 있습니다. 이 같은 기념일이 존재하는 이유는 자녀들에게 역사를 가르치기 위함입니다. 이제 5년 후면 한국 전쟁을 경험한 세대가 거의 사라진다고 합니다. 그리고 현재 많은 세대가 전쟁의 참혹함과 후유증을 모른 채 살아가고 있습니다.

　느헤미야가 바로 그런 세대였습니다. 그러나 그는 아버지 하가랴의 교육으로 140여 년 전에 일어난 민족의 비극을 마음에 담아 두고 있었습니다. 민족적 정체성을 잃지 않고 살아가던 느헤미야가 예루살렘을 방문하고 돌아온 동생에게 그 땅의 처참한 소식을 전해 듣고 하나님께 울부짖으며 기도한 것입니다. 하나님 역시 예루살렘에서 신음하고 고통받고 있는 사람들의 소리를 들으셨습니다. 그리고 동쪽으로 1,500km나 떨어져 있는 페르시아 제국 수산궁에 있는 히브리인 2세 느헤미야의 마음을 움직이셨습니다. 이처럼 하나님은 난세에 하나님의 사람을 일으키십니다.

　그렇다면, 하나님의 사람이 하나님의 부르심에 응답하며 일어설 때 갖추어야 할 지침들은 무엇일까요?

## 하나님의 사람, 이렇게 일어서라

### 믿음의 시야를 확보하라

　하나님의 사람은 문제에 초점을 맞추지 말고, 문제를 주관하시는 하나님을 바라보아야 합니다. 리더는 보는 눈이 달라야 합니다.

당시 페르시아에는 조로아스터교가 성행했으며 여러 민족에게서 혼합된 신들을 숭배했습니다. 그럼에도 느헤미야는 이방 신이 들끓는 페르시아 정치권력의 한복판에서 하나님을 섬겼습니다. 느헤미야는 하늘의 하나님이 조로아스터교의 하나님이 아니라, 우리를 창조하시고 사랑하시며 공의와 거룩으로 심판하시는 하나님이요, 민족들과 함께하는 여호와 하나님이심을 고백했습니다. 그리고 "하나님은 언약을 지키는 자를 축복하신다"라는 약속의 말씀을 붙들고 기도했습니다.

"이르되 하늘의 하나님 여호와 크고 두려우신 하나님이여 주를 사랑하고 주의 계명을 지키는 자에게 언약을 지키시며 긍휼을 베푸시는 주여 간구하나이다"(느 1:5).

느헤미야의 훌륭한 점은 자신이 가지고 있는 막강한 권력을 의지하지 않고, 하나님께 먼저 무릎을 꿇었다는 것입니다. 그는 히브리인 2세로서 대제국 페르시아에서 가장 성공한 이방인이었지만 절대 주권자이신 하나님을 믿었습니다. 이처럼 우리는 가장 절망적인 순간에 세상의 그 어떤 것이 아닌, 절대 주권자이신 하나님을 신뢰해야 합니다.

오늘날 우리는 마음속에 너무 연약한 하나님을 만들어 놓고 재단하고 있습니다. 컴퓨터 게임을 즐기는 세대라 그런지 하나님도 게임에서처럼 손가락 하나로 마음대로 조종하고 싶어 합니다. 그렇기에 어려운 일을 만나면 상상할 수 없이 크신 하나님을 믿는 것이 아니라, 내가 조종하는, 내 마음속에 만들어 놓은 하나님을 연상합니다. 이것은 못나고 연약한 자신의 마음을 신뢰하는 것과 같습니다.

우리 시대에 점점 신앙의 야성이 죽어 가고 있습니다. 그러나 하나님의 사람은 위기의 순간에도 '하나님이 나를 일으키시고 문제를 해결해 주신다'는 믿음의 시야를 확보해야 합니다. 우리 삶에 위기는 늘 존재합니다. 그렇기에 위기에 시선을 고정한다면 끝내 위기 속으로 빠져들어가고 말 것입니다. 그러나 모든 문제를 다스리시는 하나님께 시선을 돌린다면 하나님이 문제에 개입하실 것입니다. 그러므로 가장 지혜로운 사람은 하나님께 인생을 맡기는 사람입니다. 문제나 환경이 아니라, 하나님께 시야를 고정하고 믿음의 시야를 확보하십시오.

**공동체의 죄를 회개하라**

예루살렘의 소식을 들은 느헤미야가 아무런 심경의 변화를 일으키지 않아도 누구 하나 비난할 사람은 없었습니다. 비록 자기 민족과 선대에 일어났던 일이지만 이미 140여 년 전의 일이고, 느헤미야는 예루살렘에서 태어나지 않았으며, 무엇보다 세상을 통치하는 막강한 페르시아 제국의 왕을 보좌하는 비서관이었기 때문입니다. 그런데도 느헤미야는 왕궁의 산해진미를 뒤로하고 1,500km나 떨어진, 한 번도 가 보지 않은 땅 예루살렘의 일을 전해 듣고는 울부짖으며 금식했습니다(느 1:4).

깊은 영성을 가진 사람의 특징 중 하나는 하나님의 사랑으로 다른 사람의 상처에 공감하고픈 열망이 있다는 것입니다. 이런 마음은 곧 복음 전도로 이어집니다. 사람들을 긍휼히 여기는 마음, 그 하나님의 마음으로 이웃을 치유하고자 하는 마음이 있습니까?

느헤미야의 신앙을 보십시오. 그는 민족의 아픔에 상관하지 않아도 되었습니다. 무시해도 될 문제였습니다. 그런데 느헤미야는 이 문제를 개인의 문제와 민족의 문제를 떠나서 하나님 나라의 문제로 받아들였습니다. 자신이 누리고 있는 안락한 환경을 떠나서 민족의 아픔을 하나님께 드릴 줄 아는 영성이 준비되어 있었던 것입니다. 사람이 무엇에 웃고, 울고, 화내는지를 보면 그 사람의 영성을 파악할 수 있습니다.

그런데 느헤미야는 금식하며 기도하는 데 그치지 않았습니다. 더 놀라운 느헤미야의 기도가 이어집니다.

"이제 종이 주의 종들인 이스라엘 자손을 위하여 주야로 기도하오며 우리 이스라엘 자손이 주께 범죄한 죄들을 자복하오니 주는 귀를 기울이시며 눈을 여시사 종의 기도를 들으시옵소서 나와 내 아버지의 집이 범죄하여 주를 향하여 크게 악을 행하여 주께서 주의 종 모세에게 명령하신 계명과 율례와 규례를 지키지 아니하였나이다"(느 1:6-7).

느헤미야는 자신과 아무 상관도 없는 과거 조상들의 죄까지 용서를 빌었습니다. 회개 기도를 한 것입니다. 우리도 우리가 섬기는 교회의 문제, 우리나라가 당면한 여러 문제들을 놓고 회개해야 합니다. 하나님은 공동체의 죄 문제를 나의 문제로 생각하며 회개하는 개인과 교회를 사용하십니다.

현 시대의 그리스도인이 잃어버린 능력 중 하나는 회개입니다. 죄는 부끄러운 것이지만, 회개하는 그리스도인은 하나님 앞에서 아름다운 사람입니다. 특히 다른 사람의 죄와 허물까지 나의 죄인 것처럼 여겨 회개하는 기도는 하늘 문을 여는 기도입니다.

## 하나님의 약속을 주장하라

하나님의 사람이 위기 속에서 외쳐야 하는 것은 어떤 신조나 생각이 아니라, 하나님이 우리에게 주신 약속의 말씀입니다. 느헤미야는 기도하면서 하나님이 과거 조상들에게 주셨던 약속의 말씀을 주장했습니다. 이것은 그가 평상시에 하나님의 말씀을 깊이 묵상했다는 증거입니다.

"옛적에 주께서 주의 종 모세에게 명령하여 이르시되 만일 너희가 범죄하면 내가 너희를 여러 나라 가운데에 흩을 것이요 만일 내게로 돌아와 내 계명을 지켜 행하면 너희 쫓긴 자가 하늘 끝에 있을지라도 내가 거기서부터 그들을 모아 내 이름을 두려고 택한 곳에 돌아오게 하리라 하신 말씀을 이제 청하건대 기억하옵소서 이들은 주께서 일찍이 큰 권능과 강한 손으로 구속하신 주의 종들이요 주의 백성이니이다"(느 1:8-10).

위기를 만났을 때 드린 성경의 위대한 기도들을 살펴보면, 그 기도에는 반드시 하나님의 약속을 주장하는 내용이 가득 차 있습니다. 기도는 말씀과 병행하는 것입니다. 기도가 짧은 까닭은 하나님을 알지 못하기 때문입니다. 하나님을 알지 못하는 이유는 말씀을 알지 못하기 때문입니다. 말씀에는 하나님의 약속이 넘쳐 납니다. 기도는 그 약속의 말씀을 하나님께 가져가 그분의 뜻을 구하는 것입니다.

하나님의 뜻을 구하는 것은 막연한 일이 아닙니다. 바로 약속의 말씀을 붙들고 외치는 것입니다. 하나님의 사람은 문제와 위기 속에서 하나님의 약속의 말씀을 근거 삼아 하나님께 부르짖는 자입니다.

### 간구의 대상을 기억하라

느헤미야를 생각할 때 떠오르는 장면이 있습니다. 성벽을 재건하는 장면, 사람들을 모으는 장면, 한 손에는 성경을 들고 다른 손에는 칼을 든 장면 등입니다. 사실 느헤미야서는 기도의 책입니다. 기도로 시작해서 기도로 끝나기 때문입니다. 총 13장 중에 느헤미야의 기도가 무려 12회나 등장합니다. 느헤미야는 엄청난 권력과 조직을 갖추었으며, 성경 인물들 중 가장 뛰어난 행정가입니다. 느헤미야서를 보면 그의 치밀한 계획과 행정력을 발견할 수 있습니다. 그런데 중요한 사실은, 느헤미야는 그 빈틈없는 계획을 기도로 먼저 준비했다는 것입니다.

하나님의 사람은 문제를 안고 고민만 하다가 끝내는 사람이 아닙니다. 느헤미야 2장에서 살펴보겠지만, 느헤미야가 예루살렘의 소식을 듣고 기도한 후 왕 앞에 나아가기까지 무려 4개월이 걸렸습니다. 그가 예루살렘에서 일어나고 있는 일들에 대해 듣고 그 자리에 앉아 울며 수일 동안 금식하며 기도한 모습에서 그가 평소에도 이 일을 놓고 기도했음을 알 수 있습니다.

신앙은 요행을 바라는 마술이 아닙니다. 모든 하나님의 사람의 신앙은 어떠한 고난도 통과할 수 있는 기도하는 능력에서 출발합니다. 느헤미야도 기도하면서 실력을 갖추고 기다릴 줄 아는 사람이었습니다.

> "주여 구하오니 귀를 기울이사 종의 기도와 주의 이름을 경외하기를 기뻐하는 종들의 기도를 들으시고 오늘 종이 형통하여 이 사람 앞에서 은혜를 입게 하옵소서 하였나니 그때에 내가 왕의 술관원이 되었느니라"
> (느 1:11).

느헤미야는 이교도를 섬기는 왕이라고 페르시아의 왕 앞에서 방자하게 행동하지 않았습니다. '모든 권위는 하나님께로부터 온다'는 것을 하나님의 법칙으로 존중했습니다. 그래서 그는 왕을 세우신 분이 하나님이시라면 하나님이 왕을 움직이실 것이라 믿으며 간구했습니다. 다니엘도, 요셉도, 엘리사도 이렇게 믿고 기도했습니다. 느헤미야도 다음과 같이 기도하며 외쳤습니다.

"하나님, 제가 하겠습니다. 제가 예루살렘에 가서 무너진 성벽을 재건하고 고아와 과부들을 보호하며 하나님의 사람들이 마음껏 성전에서 예배드릴 수 있도록 하겠습니다. 저를 사용하여 주옵소서. 페르시아 왕에게 이 일을 알리겠습니다. 그때 저를 도와주옵소서. 저를 형통하게 하셔서 이 일을 감당하게 하소서!"

이 기도를 통해 느헤미야의 심정을 엿볼 수 있습니다. 1,500km나 떨어진, 이제는 나와 상관이 없는 이미 멸망한 조국 이스라엘을 향하여 내 부모, 내 민족이라는 마음을 가지고, 하나님을 섬기는 백성이기에 온전한 상태에서 예배를 드리게 해야겠다는 터질 것같이 애타는 마음! 느헤미야는 이 마음과 하나님을 향한 뜨거운 열정으로 열렬히 기도했습니다.

오늘 이 시대, 대한민국 한복판에서 사는 우리에게도 느헤미야의 기도가 필요합니다. 그리고 느헤미야처럼 기도하는 우리가 되어야 합니다. 느헤미야의 마음을 가진 자에게 하나님이 성령을 부어 주실 것입니다. 우리 가정과 교회와 민족은 나의 공동체입니다. 나를 빼놓고 역사를 설명할 수 없고, 가정과 가문을 설명할 수 없으며, 교회를 설명할 수 없고,

민족과 조국을 설명할 수 없습니다. 무너진 성벽, 무너진 예배, 무너진 영성, 무너진 복음 전도의 열정, 무너진 하나님 나라의 비전을 재건하기 원한다면 다시 일어나서 함께 기도합시다. 우리가 드리는 모든 예배가 다시 회복되기를 간절히 소원합시다. 한 사람이 예루살렘 성벽을 재건할 수는 없지만, 수많은 사람이 모여서 한 장, 한 장 벽돌을 쌓는다면 이 일을 능히 감당할 수 있습니다.

이때 잊지 말아야 할 것은, 우리의 목적은 하나님께 영광을 돌리는 것이라는 사실입니다. 다른 민족들의 아픔에 공감하고 그들에게 선교사를 파송하여 주님 오실 때까지 하나님의 나라를 재건하는 것입니다. 이 시대야말로 하나님이 곳곳에 심어 놓으신 하나님의 사람들이 용기 있게 일어나야 할 때입니다. 어려운 시대에 하나님의 사람들이 일어나야 합니다. 하나님의 마음을 가진 하나님의 사람들이여, 일어나십시오!

위기의 순간에 하나님의 사람들이 일어나야 한다. 느헤미야처럼 하나님께 시야를 고정한 채 우리의 죄 문제를 자신의 문제로 삼고, 하나님을 향한 뜨거운 열정으로 기도하는 사람이 필요하다.

**적용 질문**

1. 살아가면서 주로 무엇에 웃고, 울고, 화내고 있습니까?
2. 현재 무너져 있는 신앙의 영역은 무엇입니까?
3. 누군가의 아픔을 끌어안고 기도해 본 경험이 있습니까?

# 02

# 기도,
# 영원한 것에 투자하라

_느 2:1-10

"내가 곧 하늘의 하나님께 묵도하고 왕에게 아뢰되 왕이 만일 좋게 여기시고 종이 왕의 목전에서 은혜를 얻었사오면 나를 유다 땅 나의 조상들의 묘실이 있는 성읍에 보내어 그 성을 건축하게 하옵소서"(느 2:4-5).

인생을 살면서 썩어지는 것과 영원한 것이 있다는 사실을 분명히 깨닫게 된다면 어느 것을 선택하겠습니까? 썩어지는 것은 순간적인 달콤함이 먼저 보이고, 영원한 것을 선택할 때는 고통이 수반된다면, 어떻게 하겠습니까? 그래도 여전히 한순간의 즐거움보다 영원한 것에 투자할 수 있겠습니까? 지금까지의 인생은 영원한 것에 투자하는 인생이었습니까? 그렇다면 과연 무엇이 영원한 것에 투자하는 것일까요?

### 영원한 것에 투자하는 사람

느헤미야는 당대 최고의 제국인 페르시아의 고위층 관료를 지내면서 모든 권위와 영광을 누리고 있었습니다. 그러던 그에게 1,500km나 떨어진 곳에 살고 있는 민족의 암담한 현실이 전해졌고, 그는 한 번도 가 보지 않은 예루살렘을 위해 울부짖으며 금식했습니다. 그리고 이렇게 기도했습니다.

"하나님, 제가 예루살렘에 가서 무너진 성벽을 재건하고 하나님의 백성을 보호하겠습니다. 비록 멸망한 나의 조상들의 조국이지만, 그들은 하나님을 섬겼던 백성이 아닙니까? 나의 조상들이 다시 하나님을 예배할수 있도록 제가 그 일을 하겠습니다."

이 기도를 통해 하나님의 심정을 알 수 있습니다. 하나님은 예루살렘 백성의 회복을 도울 자, 하나님의 마음을 시원하게 할 사람을 찾고 계셨습니다. 이처럼 성숙한 신앙인은 다른 사람의 아픔을 자신의 아픔으로 받아들일 줄 압니다. 그래야 잃어버린 영혼들에게 복음을 전할 수 있기 때문입니다. 이 일이 바로 영원한 것에 투자하는 것입니다. 언젠가 베드로에 관한 설교를 하면서 이런 이야기를 한 적이 있습니다.

"우리가 하는 모든 일을 열정으로 한다고 하지만, 그 가운데 결국 사랑으로 하는 일만 남을 것입니다. 그러므로 사랑이 회복되어야 사명이 다시 회복되는 것입니다."

예수님을 배신하고 도망간 베드로를 다시 부르신 주님이 베드로에게 건네신 말씀, 즉 "네가 나를 사랑하느냐?"라는 말씀의 진의가 바로 이것이었습니다. "네가 나를 사랑하느냐?"라는 말 속에는 사랑만 남는다는 진리가 담겨 있었던 것입니다. 예수님은 베드로에게 결국 사랑으로 하는 일만 남는다는 것을 확인시키신 후 "내 양을 먹이라"는 사명을 다시 한번 회복시켜 주셨음을 기억해야 합니다. 느헤미야의 마음에도 바로 이런 사랑과 긍휼이 가득했습니다. 예루살렘에서 고통당하는 영혼들을 향한 긍휼한 마음, 사랑의 마음이 불 일듯 일어난 것입니다. 그러자 그는 자신의 인생을 여기에 투자하기로 마음먹었습니다.

그러고 나서 느헤미야가 가장 먼저 한 일이 무엇일까요? 바로 하나님께 기도하는 것이었습니다. 자신의 마음이 단순한 열정인지, 잘못된 결정은 아닌지, 하나님의 뜻에 어긋나는 행동은 아닌지를 확인하기 위해 기도로 하나님께 나아갔습니다. 이처럼 영원한 것에 투자하는 사람은 가장 먼저 영원하신 하나님께 기도합니다. 하나님은 영원한 것을 주시는 분이기 때문입니다.

## 기도하는 사람과 하나님의 역사

영원한 것에 투자하는 것은 곧 기도하는 것입니다. 하나님은 영원한 것에 투자하는 기도의 사람에게 역사의 문을 열어 주십니다. 느헤미야를 통해 기도하는 사람의 특징과 그와 함께 일하신 하나님의 역사를 살펴보겠습니다.

### 하나님이 주시는 기회

느헤미야가 자신의 조상들이 살았던 예루살렘에 관한 처참한 소식을 듣고 금식하며 기도한 시간은 무려 4개월이었습니다. 느헤미야 1장 1절에 기록된 '기슬르월'과 2장 1절의 '니산월'까지 대략 4개월이라는 시간이 흘렀습니다. 느헤미야는 그동안 왕에게도 충성을 다했습니다. 그는 '이만하면 좋은 관계도 유지했겠다, 한 일주일 기도하고 왕에게 가서 말해야겠다'라고 단순하게 생각하지 않았습니다. 그는 하나님의 때를 기다렸습니다.

신앙이 하나의 과정인 것처럼 기도 역시 하나의 과정임을 잊지 말아야 합니다. 기도는 하나님이 내 마음속에 심어 놓으신 하나님의 뜻을 발견하는 과정입니다. 우리가 하나님 안에 거하고 하나님의 말씀이 우리 안에 거하면 무엇이든지 원하는 것을 구할 수 있습니다(요 15:7). 이것이 예수님이 우리에게 가르쳐 주신 기도의 원리이기 때문입니다.

이처럼 느헤미야가 예루살렘의 소식을 듣고 기도한 지 약 4개월 후에, 그는 마침내 왕 앞에 나아가 이야기할 기회를 얻게 되었습니다. 물론 그 전에도 수시로 왕의 음식을 확인하고 왕을 보좌해 왔습니다. 그런데 이제 하나님의 때, 즉 '카이로스'의 시간이 임한 것입니다.

"아닥사스다왕 제이십년 니산월에 왕 앞에 포도주가 있기로 내가 그 포도주를 왕에게 드렸는데 이전에는 내가 왕 앞에서 수심이 없었더니 왕이 내게 이르시되 네가 병이 없거늘 어찌하여 얼굴에 수심이 있느냐 이는 필연 네 마음에 근심이 있음이로다 하더라 그때에 내가 크게 두려워하여"(느 2:1-2).

당시 페르시아는 왕국뿐 아니라 왕까지 그야말로 지존이었습니다. 신하들이 왕에게 절대적으로 복종할 수밖에 없는 환경으로, 왕 앞에 선 신하가 감히 얼굴에 근심을 띠거나 좋지 않은 안색을 비추는 일은 형벌감이었습니다. 더구나 니산월은 오늘날로 말하면 신년입니다. 즉 이날은 페르시아에 있는 모든 사람이 기뻐하는 축제일이었습니다. 그런데도 느

느헤미야는 슬픈 기색을 보였고, 왕은 그 점을 알아차렸습니다. 그래서 왕이 "어찌하여 얼굴에 수심이 있느냐?"라고 물었을 때 느헤미야는 한편으로 두려울 수밖에 없었습니다.

여기서 우리는 느헤미야가 평소에 얼마나 사랑받는 신하였는가를 알 수 있습니다. 신하가 왕의 안색을 살피는 것이 마땅한데, 왕이 신하의 안색을 살폈기 때문입니다. 그동안 느헤미야는 왕 앞에서 수심이 없었습니다(느 2:1).

학교 선생님이 평상시에 공부를 안 하는 학생이 수업 시간에 조는 모습을 보면 '저 녀석, 어제 컴퓨터 게임했구나'라고 생각하지만, 평소에 공부를 열심히 하는 아이가 조는 모습을 보면 '저 녀석, 어제 무리해서 늦게까지 공부했구나'라고 생각하기 마련인 것과 마찬가지입니다. 평상시 삶이 바르고 왕을 늘 편안하게 해 주었던 느헤미야가 수색이 좋지 않으니 왕이 신하를 살핀 것입니다. 이처럼 느헤미야는 왕에게 절대적 신임을 얻은 신하였습니다.

재미있는 점은, 고대 자료에 의하면 당시 페르시아의 신하들은 얼굴을 가렸다고 합니다. 그러면 왕이 느헤미야의 얼굴빛을 보기가 어려웠을 텐데 하나님이 기도하는 사람 느헤미야에게 기회를 주신 것입니다. 이 기회를 통해 느헤미야는 왕에게 다음과 같이 대답했습니다.

"왕은 만세수를 하옵소서 내 조상들의 묘실이 있는 성읍이 이제까지 황폐하고 성문이 불탔사오니 내가 어찌 얼굴에 수심이 없사오리이까" (느 2:3).

느헤미야는 먼저 왕의 권위에 예의를 갖추고 자초지종을 설명했습니다. 그런데 여기에서 느헤미야의 지혜가 빛납니다. 그는 당장 예루살렘으로 가서 무너진 성벽을 재건해야 한다며 급하고 어리석게 말하지 않았습니다. 당시 페르시아는 부모를 공경하는 문화가 대단했습니다. 이에 느헤미야는 예루살렘 성벽 재건이라는 어려움보다 조상의 묘를 걱정하며 효심을 강조했습니다.

느헤미야가 지혜를 발휘해 쉽게 이야기한 듯 보이지만, 사실 느헤미야는 죽기를 각오하고 말한 것입니다. 역사적으로 아닥사스다왕은 성벽 재건을 시기하고 질투한 페르시아 관료들의 요청으로 이 일을 중지시킨 적이 있습니다. 그때 신하들은 아닥사스다왕에게 "이스라엘 민족은 유일신을 섬기기에 다른 민족들에 비해 다루기가 어렵고 페르시아에 쉽게 순종하지도 않습니다. 그리고 성벽이 재건되면 자치적으로 활동하고 세금도 안 낼 민족입니다"라고 악평했습니다. 그래서 아닥사스다왕은 신하들을 시켜 그 말이 사실인지 조사한 후 성벽 재건을 중단하라고 명령했습니다(스 4:17-24). 그런 그에게 느헤미야가 성벽 재건을 다시 허락해 달라고 요청한 것입니다.

페르시아 왕에게 한 번 불허한 일을 번복하라고 말하는 것은 사형감입니다. 그러니까 느헤미야의 요청은 당돌하면서도 때에 따라서는 목숨도 잃을 수 있는 행동이었습니다. 이에 느헤미야는 왕 앞에 나아가며 두려워했습니다(느 2:2). 그런데 놀랍게도 왕은 느헤미야에게 "네가 무엇을 원하느냐?"라고 되물었습니다(느 2:4). 이 질문은 "나도 그 상황을 오래전부터 알고 있고, 너도 알다시피 내가 전에 그 일을 중단시켰지만, 만약 네가 원한다면 내가 들어줄 수도 있다"라는 파격적인 말이었습니다. 그만큼 느헤미야는 하나님이 일하실 수 있도록 왕과의 관계를 돈독하게 다져 놓았던 것입니다.

비록 아닥사스다왕이 히브리인을 좋아하지 않았을지라도 느헤미야의 말이라면 무엇이든 믿었습니다. 그렇기에 느헤미야는 한 걸음 더 나아갈 수 있었습니다. 기도하는 사람은 절대 게으르지 않습니다. 권위를 존중하고, 불평하지 않으며, 감당해야 할 일에 최선을 다하고, 하나님이 일하실 수 있게 합니다.

> "왕이 내게 이르시되 그러면 네가 무엇을 원하느냐 하시기로 내가 곧 하늘의 하나님께 묵도하고"(느 2:4).

느헤미야는 이 상황에서 경거망동하지 않았습니다. 오히려 우리를 더욱 감동하게 했습니다. 그는 페르시아 왕과 대화하면서 조용히 성령님을 의지해 기도했습니다. '하나님, 기회가 왔습니다. 지금 저에게 왕이 이렇게 이야기하는데 뭐라고 대답해야 할까요?' 이처럼 느헤미야는 교만하지 않았습니다. '그래, 평상시에 내가 쌓아 온 인간관계가 드디어 빛을 보는구나' 하며 자고하지 않았습니다. 두렵고 떨리는 위기의 순간에 왕을 대면하면서도 하나님께 마음속으로 기도했습니다.

이 장면은 느헤미야가 지금의 모든 상황을 다스리시는 분이 페르시아의 왕이 아니라, 절대자 하나님이시라고 고백하는 모습입니다. 느헤미야는 왕의 권위를 존중하면서도, 왕의 마음과 입술을 주관하시는 분이 하나님이시라는 사실을 아는 지혜로운 사람이었습니다. 그리고 하나님은 이런 느헤미야에게 기회를 주셨습니다.

**하나님의 마음을 살피는 사람**

영원한 것에 투자하는 기도하는 사람은 하나님이 주신 기회를 절대로 놓치지 않습니다. 짧은 기도를 마친 느헤미야도 마찬가지였습니다. 그는 인간적으로는 두려웠지만 조금도 주저하지 않고 이 기회를 잡았습니다.

> "왕에게 아뢰되 왕이 만일 좋게 여기시고 종이 왕의 목전에서 은혜를 얻었사오면 나를 유다 땅 나의 조상들의 묘실이 있는 성읍에 보내어 그 성을 건축하게 하옵소서 하였는데"(느 2:5).

느헤미야는 다시 한번 왕의 권위에 예의를 갖추었습니다. 왕이 기뻐하지 않는 일이라면 하지 않아도 된다고 말했습니다. 이것은 신앙인으로서 기도하며 갖는 확신입니다. 즉 하나님을 신뢰하기 때문에 할 수 있는 말입니다. 느헤미야는 왕이 기뻐하지 않으면 안 해도 된다며 왕의 권위를 존중하면서 왕이 자신에게 베풀어 준 은혜를 언급했습니다.

느헤미야는 이렇게 말하지 않았습니다. "아닥사스다왕, 당신은 과거에 예루살렘 성벽을 재건하는 일을 방해했습니다. 페르시아에서 우리를 노예로 잡아가서 우리 민족이 이 모양 이 꼴이 되었습니다. 내가 지금까지 종노릇하고 섬겼는데 이제 풀어 줄 만도 하지 않습니까?" 그가 이렇게 말하지 않은 이유는 하나님이 모든 상황을 다스리신다는 믿음이 있었고, 하나님이 지금 자신에게 기회를 주고 계신다는 사실을 깨달았기 때문입니다. 마음은 슬프고 힘들지만, 하나님이 이 강퍅한 왕의 마음도 변화시키시리라 믿은 것입니다. 그러나 기도하지 않는 교만한 사람은 기회가 와도 그 기회를 자신만을 위한 욕망의 도구로 삼습니다.

> "그때에 왕후도 왕 곁에 앉아 있었더라 왕이 내게 이르시되 네가 몇 날에 다녀올 길이며 어느 때에 돌아오겠느냐 하고 왕이 나를 보내기를 좋게 여기시기로 내가 기한을 정하고"(느 2:6).

성경은 느헤미야가 이 간청을 할 때 아닥사스다왕 옆에 왕후가 있었다는 사실을 설명합니다. 왕후는 공식적인 회의에 참석하지 않습니다. 그러므로 지금 이 자리는 사석임을 알 수 있습니다.

왕은 "내가 기쁘게 허락은 하겠는데, 언제 돌아오겠느냐?" 하고 자신의 심경을 드러냈습니다. 역사학자들에 따르면 아닥사스다왕은 정이 많거나, 성격이 좋거나, 은혜를 베푸는 사람이 아니었습니다. 까다롭고, 쉽게 화를 내며, 변덕이 심한 사람이었습니다. 그런데 지금, 그런 아닥사스다왕이 느헤미야에게 기쁘게 허락한 것은 물론 돌아올 기한을 물은 것입니다. 더 놀라운 사실은 그 기한을 느헤미야가 정했다는 것입니다.

나중에 살펴보겠지만, 느헤미야는 무려 12년을 예루살렘에서 보내게 됩니다. 그는 왕에게 세계를 다스리는 페르시아 왕궁의 막대한 부와 권력을 뒤로하고, 1,500km나 떨어져 있는 예루살렘, 다 무너지고 소실된 도시, 아직도 다른 종족들의 공격으로 죽음의 위협 속에서 살아가야 하는 그곳에서 12년 동안 있겠다고 대답했습니다. 기도하는 사람 느헤미야는 하나님이 왜 자신을 페르시아 왕국에서 태어나게 하셨는지, 왜 이 위치까지 오르게 하셨는지를 카이로스의 시간으로 깨달았습니다.

이처럼 영원하신 하나님께 기도하면 하나님이 하나님의 마음을 보여 주십니다. 하나님이 무엇에 슬퍼하시고, 무엇에 기뻐하시는지를 알려 주십니다. 영원하신 하나님이 보여 주시는 것은 영원한 것입니다. 하나님은 우리가 기도할 때 무엇에 투자해야 하는지를 알려 주십니다. 우리는 하나님이 알려 주신 바로 그것에 우리의 인생을 투자해야 합니다. 기도하는 사람은 결코 투자 기회를 놓치지 않습니다. 왜냐하면 그것에 영원성이 있다는 사실을 알기 때문입니다.

**철저하게 준비하는 사람**

느헤미야는 성경에서 가장 뛰어난 행정가입니다. 그는 예루살렘에 가면 어떤 과정을 거쳐야 하고, 성벽을 쌓으려면 무엇이 필요한지 등을 철저하게 준비했습니다.

하나님은 이스라엘 백성에게 가나안 땅을 주셨습니다. 그런데 이스라엘 백성은 요단강을 건너야 했습니다. 그들은 발을 디뎌야 했습니다. 시냇물을 건너야 했고, 들판을 가로질러야 했습니다. 산을 넘어야 했고, 전쟁도 치러야 했습니다. 이처럼 하나님은 가나안 땅을 주겠다고 하셨지, 아무 일도 하지 말라고 말씀하지는 않으셨습니다. 기도도 마찬가지입니다. 기도를 통해 멈추어야 할 때, 뛰어가야 할 때, 순종해야 할 때, 하나님의 말씀대로 행해야 할 때를 구분해야 합니다. 자기 할 일을 하면서 하나님께 기도해야 기적이 일어납니다.

어떤 사람들은 자신의 환경에 불평만 늘어놓습니다. 그러다가 기회가 주어지고 하나님이 그 불평이라도 들으셔서 응답하시면, 또 다른 불평을 늘어놓습니다. 시간이 너무 늦었다느니, 힘이 너무 빠졌다느니, 열정이 식었다느니, 지금 와서 무엇을 할 수 있겠냐느니 하면서 말입니다. 불평하는 사람에게 대안을 물어보면 대부분 꿀 먹은 벙어리가 됩니다. 비판을 위한 비판을 했을 뿐, 대안을 전혀 준비하지 않은 것입니다.

하지만 기도하면서 철저하게 준비해 온 느헤미야는 기회가 왔을 때 그동안 생각해 두었던 사항들을 왕에게 모두 말했습니다. 이제 느헤미야는 구체적으로 조건을 제시합니다.

"내가 또 왕에게 아뢰되 왕이 만일 좋게 여기시거든 강 서쪽 총독들에게 내리시는 조서를 내게 주사 그들이 나를 용납하여 유다에 들어가기까지 통과하게 하시고"(느 2:7).

느헤미야는 예루살렘까지 가는 과정에서 그가 통과해야 할 곳들의 문제점들을 미리 조사해 놓았습니다. 이것이 끝이 아닙니다.

"또 왕의 삼림 감독 아삽에게 조서를 내리사 그가 성전에 속한 영문의 문과 성곽과 내가 들어갈 집을 위하여 들보로 쓸 재목을 내게 주게 하옵소서 하매"(느 2:8).

더 나아가 느헤미야는 예루살렘에 성벽을 재건하고 나서 자신도 그곳에서 살아야 하니까 집을 지을 재료를 달라고 말했습니다. 그는 기도만 하며 가만히 있지 않았고, 자신이 해야 할 일을 준비해 두었습니다. 당시 페르시아 궁전에 수십, 수백 명의 최고 관료들이 있었을 텐데 느헤미야는 자신의 직위와 별로 상관도 없는 삼림 감독의 이름까지 거론했습니다. 그러고는 그때 일을 다음과 같이 회고했습니다.

"내 하나님의 선한 손이 나를 도우시므로 왕이 허락하고"(느 2:8).

아주 짧은 문장이지만 절대 교만하지 않고 하나님을 신뢰하는 느헤미야의 모습을 다시 한번 발견하게 됩니다. 이처럼 겸손하고 철저하게 준비한 느헤미야는 결국 두 가지 결과를 얻게 됩니다.

"군대 장관과 마병을 보내어 나와 함께하게 하시기로 내가 강 서쪽에 있는 총독들에게 이르러 왕의 조서를 전하였더니 호론 사람 산발랏과 종이었던 암몬 사람 도비야가 이스라엘 자손을 흥왕하게 하려는 사람이 왔다 함을 듣고 심히 근심하더라"(느 2:9-10).

첫째, 그토록 까다롭고 성질이 급한 아닥사스다왕이 12년이나 예루살렘 총독으로 머물러야 하는 느헤미야에게 왕의 군대 장관과 군대까지 붙여 준 것입니다. 이것은 느헤미야의 요구 사항이 아니었습니다. 그동안 보여 준 느헤미야의 충성심에 대한 사랑의 징표였습니다. 과거에 예루살렘 성벽 재건을 전면 중지하라는 명령을 내렸던 왕이 느헤미야를 이처럼 신뢰했습니다.

둘째, 유대인들을 괴롭히던 주변의 대적들이 이 사건에 대해 듣고 심히 근심했습니다. 소문이 예루살렘 근방, 특히 사마리아 진영에 널리 퍼졌습니다. 이스라엘 민족을 다시 부흥하게 하고, 그들이 다시 예배드리게 하고, 그들을 결집하고 흥왕하게 할 사람이 왔다는 소문을 들은 그들은 두려워했습니다. 이처럼 하나님의 사람들이 일어나서 하나님의 일을 감당할 때 사탄은 근심하고 두려워합니다.

과거 예루살렘의 참담한 소식에 비하면 정말로 놀라운 결과입니다. 영원한 것에 투자하고픈 느헤미야에게 하나님이 기회를 주신 것입니다. 그리고 느헤미야는 기도하면서 하나님과 교통했기 때문에 주어진 기회를 결코 놓치지 않았습니다. 그 기회를 잡고 철저하게 준비한 만큼 왕 앞에서 구체적인 사항들을 이야기했습니다.

영원한 것에 투자하는 사람은 기도하는 사람입니다. 그는 나 중심이 아니라, 하나님 중심이기 때문에 하나님의 뜻을 간구합니다. 그리고 그처럼 하나님이 중심이 된 사람들은 " 네 이웃 사랑하기를 네 자신과 같이 사랑하라"(레 19:18)는 말씀에 순종하여 이타적인 삶을 살아갑니다. 거기에 하나님의 나라가 있다는 사실을 깨달았기 때문입니다. 그러므로 기도하는 사람은 하나님이 주시는 타오르는 열정과 비전으로 세상을 다시 보게 되고, 비로소 영원한 것에 투자합니다.

온통 자신만을 위해 사는 인생에 무슨 목적과 비전과 값어치가 있을까요? 자기만족을 위해 잠시 불쌍한 사람을 조금 도와주고 만족하는 식의 값싼 삶을 이야기하는 것이 아닙니다. 분명한 목적으로 나를 만드신 하나님께 인생 전체를 투자해 그 목적에 맞는 삶을 사는 것이 바로 영원한 것에 투자하는 삶입니다.

느헤미야는 바로 이런 삶을 살았습니다. 노예의 후손이자 수많은 정적에게 둘러싸여 있었지만 그는 기도하고 준비하며 기회를 포착하고 민족을 위해 나아갔습니다. 그리고 안락한 페르시아 궁전을 버리고 하나님이 자신에게 주신 원래의 비전을 위해 그동안 주신 축복을 사용했습니다.

신앙 상담을 하다 한 집사님을 만났습니다. 그분은 늘 갈팡질팡하고 욕심이나 환경 때문에 무너지는 신앙생활에 지쳤다면서 "하나님을 꽉 잡는 비결을 가르쳐 주세요"라고 말했습니다. 저는 그분께 이렇게 대답했습니다.

"집사님, 하나님 손을 꽉 잡기 전에 그 손에 꽉 움켜쥐고 있는 것을 먼저 내려놓으세요."

모든 사람의 마음속 깊은 곳에는 하나님에 대한 갈망이 있습니다. 인생에 한계가 있다는 것을 알기 때문입니다. 하나님이 그 마음을 우리의 심령에 심어 놓으셨습니다. 우리는 그 음성을 들어야 합니다. 정말 영원한 것에 인생을 투자하기 바란다면 기도하십시오. 영원하신 하나님 앞에 마음을 내려놓고 인생의 목적에 대해 질문하십시오.

지금 하고 있는 일과 환경은 그리 중요하지 않습니다. 지금 내가 마주한 이 순간, 영원하신 하나님께 인생을 맡기는 것이 가장 중요합니다. 하나님이 창조하신 영원을 위해서 살고 있습니까? 영원을 선택해 사는 삶이 두렵고 불편하다면 이 사실 하나만 꼭 기억하십시오.

"썩어지는 것에 투자한 사람은 허망한 결과를 얻지만, 영원한 것에 투자한 사람은 영원한 것으로 보상을 받습니다."

영원한 것에 투자하는 방법은 기도하는 것이다. 기도로 하나님께 비전을 받고 현실적인 대안을 철저하게 준비할 때 세상을 향해 담대하게 외칠 수 있다.

**적용 질문**

1. 매일, 매주 나의 삶에서 어느 정도의 기도 시간을 갖습니까?
2. 요즘 무엇에 가장 많은 시간과 에너지를 투자하고 있습니까?
3. 하나님보다 더 꽉 움켜쥐고 있는 것은 무엇입니까?

# 순종,
# 하나님께 접속하라

_느 2:11-20

●

"내가 그들에게 대답하여 이르되 하늘의 하나님이 우리를 형통하게 하시리니 그의 종들인 우리가 일어나 건축하려니와 오직 너희에게는 예루살렘에서 아무 기업도 없고 권리도 없고 기억되는 바도 없다 하였느니라"(느 2:20).

느헤미야는 예루살렘이 멸망한 지 140여 년이 훨씬 지난 시점에 당대 최강의 제국 페르시아 한복판에서 히브리인 2세로 태어나 왕의 보좌관을 지내며 세상이 부러워하는 모든 권위와 부를 소유했습니다. 그러나 그는 자신이 가진 부와 명예를 자신의 탐욕을 만족시키기 위한 수단으로 보지 않았습니다.

### 황무지에서 장미가 피는 역사의 시작

지혜로운 사람은 인생의 목적을 아는 사람입니다. 지혜로운 느헤미야는 하나님이 자신을 쓰신다는 사실을 확신하면서 하나님께 자신을 더 적극적으로 사용해 달라고 간구하며 금식까지 감행했습니다.

또한 겸손한 사람은 자신을 과대 포장하거나 비하하는 사람이 아니라, 하나님께 순종하는 사람입니다. 겸손한 느헤미야는 기도하며 하나님께 철저히 순종했습니다.

열강의 침략으로 도시와 성전과 성벽이 무너져 이제는 보잘것없는, 옛 영광만 기억 속에 조금 남아 있는 도시 예루살렘의 회복과 하나님의 선택받은 백성, 자신의 조상들의 안전을 위해 느헤미야는 자신의 안락한 환경을 내려놓았습니다. 그리고 그동안 섬기던 페르시아 왕에게 간청하여 서쪽으로 1,500km나 떨어진 조상의 도시, 하나님의 도성 예루살렘으로 향했습니다.

느헤미야는 당시 수개월이 걸리는 여행길을 마다하지 않았습니다. 더군다나 "어느 때에 돌아오겠느냐?"는 충신을 사랑하는 왕의 질문에도 불구하고 12년이라는 세월 동안 예루살렘 총독으로 머물겠다고 결심했습니다. 그렇게 그는 자기 인생에 있어서 가장 귀한 황금기를 하나님께 드렸습니다. 가장 힘든 곳에 인생을 투자했습니다. 그 일이 자기 인생에서 가장 값진 일임을 깨달았기 때문입니다. 이처럼 용기 있는 사람은 다른 사람들의 시선을 의식하지 않고 하나님의 시선으로 가장 값진 일을 선택합니다.

청년 사역을 할 때 젊은이들에게 다음과 같은 세 가지 말을 가장 많이 했습니다.

첫째, 하나님을 알아 가는 데 투자하라.
둘째, 나를 알아 가는 데 투자하라.
셋째, 세상을 알아 가는 데 투자하라.

그런데 사람들은 이 세 가지 중 주로 마지막에만 열중하는 실수를 범합니다. 그리고 이마저도 세상을 즐기는 데 초점을 맞추어 인생을 투자하는 경향이 큽니다. 위의 세 가지를 신앙의 관점으로 풀어서 질문하면 이렇습니다.

**첫째, 이 일이 하나님께 영광 돌리는 일인가?**
**둘째, 이 일을 하는 것이 나에게 기쁨이 되는가?**
**셋째, 이 일이 많은 사람에게 유익한가?**

느헤미야는 지혜롭고 겸손한 사람이면서도 용기 있는 사람으로서 이 세 가지를 행했습니다. 페르시아 궁전에 있으면서 계속 출세 가도를 달려 자신의 입지를 굳히고, 더 큰 힘을 얻고 난 후에 하나님이 맡겨 주시는 일을 하겠다고 핑계를 댈 수 있었지만, 그는 민족의 아픔 앞에 용기 있는 결단을 내렸습니다. 자신의 가장 최고의 황금기를 하나님께 드리기로 한 것입니다.

우리에게 남는 시간을 하나님께 드린다면, 하나님도 우리에게 남는 시간을 주실 것입니다. 가장 좋은 시간, 황금기에 가장 귀한 것을 하나님께 드리십시오. 하나님이 갚아 주실 것입니다. 그 시간은 바로 지금, 이 시간입니다. 느헤미야는 '지금, 이 시간'에 결단하며 행동했습니다.

"내가 예루살렘에 이르러 머무른 지 사흘 만에"(느 2:11).

이제 느헤미야는 예루살렘에 도착했습니다. 느헤미야는 3일 동안 특별한 일을 하지 않고 휴식을 취하고 기도했습니다. 그리고 자신이 앞으로 해야 할 일을 차분하게 준비했습니다. 앞서 페르시아에서도 4개월간 금식하며 기도하는 시간을 보냈습니다. 그리고 여행길에서도 그는 기도했을 것입니다. 느헤미야는 다시 철저히 준비했습니다. 그리고 폐허로 변해 버린 황무지와 같은 예루살렘 땅에 장미가 피어나게 할 하나님의 새로운 역사를 시작했습니다.

## 황무지에서 장미를 피우는 7단계

느헤미야 2장 11-20절은 느헤미야가 황무지에서 장미를 피운 7단계를 보여 줍니다.

### 1단계: 기도하며 하나님의 마음을 살펴라

느헤미야는 하나님과 연결된 사람이었습니다.

> "내 하나님께서 예루살렘을 위해 무엇을 할 것인지 내 마음에 주신 것을 내가 아무에게도 말하지 아니하고 밤에 일어나 몇몇 사람과 함께 나갈새 내가 탄 짐승 외에는 다른 짐승이 없더라"(느 2:12).

"내 하나님께서 예루살렘을 위해 무엇을 할 것인지 내 마음에 주신 것을"이란 말씀을 현대인의성경은 "하나님께서 내 마음을 감동시키셔서"라고 번역했습니다.

느헤미야는 하나님께 감동된 사람이었습니다. 문제가 있을 때마다 하나님께 부르짖는 사람이었습니다. 또한 그는 언제나 영적으로 깨어 있는 사람이었습니다. 요즘 표현으로 하면, 느헤미야는 하나님께 '접속된 사람'이었습니다.

과거에는 어떤 사람을 만나느냐에 따라 인생이 달라진다고 했지만, 핸드폰이 몸의 일부가 된 요즘은 어디에 접속하느냐에 따라 인생이 달라집니다. 온갖 쓰레기 같은 정보에 날마다 접속하고, 자신의 눈을 즐겁게 해 주는 것에 도취하며, 자신의 욕망에 접속하고 싶어 하는 마음이 인간의 본질입니다. 그러나 아무리 의지와 욕심대로 마음이 원하는 것에 접속해도 그 끝에는 결국 허망함만 남습니다.

채우고 채워도 돌아서면 또 허무한 것이 인생입니다. 허무라는 병에 접속되어 있기 때문입니다. 그러나 느헤미야에게는 세상의 허무라는 중독에 접속되어 있을 여유가 없었습니다. 하나님께 접속되어 언제나 영적으로 깨어 있었기 때문입니다. 우리도 항상 "나는 과연 지금 어디에 접속되어 있는가?" 하고 신앙적으로 질문하고 점검해야 합니다.

성령에 접속해 있는 사람은 경솔하게 일하지 않습니다. 느헤미야는 충분한 시간을 가졌습니다. 물론 예루살렘에 관한 소식을 듣기 전부터 형제 하나니와 함께 예루살렘에 대한 비전을 품었던 것 같습니다. 그리고 소식을 접하자 4개월 동안 울며 금식했고, 예루살렘으로 가는 여정에도 계속 기도했습니다. 마침내 예루살렘에 도착한 느헤미야는 사람들과 이야기하지 않고 이 위대한 일에 대해 다시 한번 하나님과 대화하며, 오직 충신 몇 사람과 나귀를 타고 나갔습니다. 자신의 위세를 자랑하거나 하나님이 하신 일을 급하게 떠벌리지 않았습니다.

문제를 빨리 파악하고 빨리 적응하는 사람은 그만큼 열정이 빨리 식는 모습을 보이곤 합니다. 순발력은 강한데 지구력이 약한 것입니다. 인생은 마라톤입니다. 속도보다 방향이 중요합니다. 그러므로 방향을 정하는 데 많은 시간을 투자해야 합니다. 방향만 잡히면 속도는 언제든지 낼 수 있기 때문입니다.

**2단계: 하나님의 마음으로 황무지를 파악하라**

황무지에서 장미를 피우기 위해서는 철저하게 준비하고, 세심하게 계획하며, 용의주도한 조심성으로 서두르지 않아야 합니다.

"그 밤에 골짜기 문으로 나가서 용정으로 분문에 이르는 동안에 보니 예루살렘 성벽이 다 무너졌고 성문은 불탔더라"(느 2:13).

이 대목에서는 느헤미야의 강점이 잘 드러납니다. 당시 예루살렘은 바벨론의 침략으로 오래전에 폐허가 되었습니다. 약 90년 전인 주전 537년에 하나님이 페르시아 왕 고레스의 마음을 움직여서 스룹바벨이라는 지도자를 통해 예루살렘 성전을 재건하게 하셨습니다. 하지만 5만여 명이 귀환하여 추진했음에도 주변 족속들의 방해로 무려 17년간이나 공사가 중단되었습니다.

그로부터 60년이 지난 주전 458년에 에스라가 지금의 아닥사스다왕의 허락으로 온전한 예배의 회복을 위해 예루살렘에 왔습니다. 그러나 주변국들의 공격이 더욱 심해져 일을 제대로 하지 못했고, 에스라는 설교를 하며 사람들의 마음에 호소했습니다. 우여곡절 끝에 예루살렘 성전이 재건되긴 했으나 성벽이 없었기에 제대로 된 도시를 형성할 수 없었습니다. 그뿐만 아니라 계속해서 주변에서 이스라엘의 재건을 시기하는 족속들이 마을을 불태우고, 약탈을 일삼으며, 사람들을 잡아가거나 죽였습니다. 그러니 성전이 있어도 마음 놓고 예배를 드릴 수가 없었습니다.

그리고 14년이 지난 주전 444년에 하나님이 느헤미야의 마음을 움직이신 것입니다. 낡은 벽돌 한 장을 들어 올리며 무너진 성벽을 바라보는 느헤미야의 심정은 1,500km를 단숨에 달려온 호흡만큼이나 가빴을 것입니다.

"앞으로 나아가 샘문과 왕의 못에 이르러서는 탄 짐승이 지나갈 곳이 없는지라 그 밤에 시내를 따라 올라가서 성벽을 살펴본 후에 돌아서 골짜기 문으로 들어와 돌아왔으나"(느 2:14-15).

모든 것이 다 파괴되고 깨어져 잔해 조각들만 남아 있는 성벽을 도는 느헤미야의 심정은 어떠했을까요? 매우 비장했을 것입니다. 그렇게 느헤미야는 아무도 일어나지 않은 깊은 밤에 홀로 무너진 성벽과 타 버린 성문들을 돌아보며 상황을 파악했습니다.

"방백들은 내가 어디 갔었으며 무엇을 하였는지 알지 못하였고 나도 그 일을 유다 사람들에게나 제사장들에게나 귀족들에게나 방백들에게나 그 외에 일하는 자들에게 알리지 아니하다가"(느 2:16).

느헤미야는 하나님과 접속하는 시간을 보내며 역사를 그려 보았습니다. 스룹바벨 시대, 에스라 시대 140여 년을 하나님이 어떻게 인도해 오셨는지 회상했습니다.

**3단계: 공동체의 문제를 자신의 문제로 보라**

기도하며 준비하던 느헤미야는 이제 중요한 사람들을 모아 놓고 계획을 발표했습니다.

"후에 그들에게 이르기를 우리가 당한 곤경은 너희도 보고 있는 바라 예루살렘이 황폐하고 성문이 불탔으니 자, 예루살렘성을 건축하여 다시 수치를 당하지 말자 하고"(느 2:17).

느헤미야는 예루살렘의 문제를 곧 자신의 문제로 바라보며 '우리가 당한 곤경'이라고 표현했습니다. 하나님을 사랑할 때 비로소 주변 사람들이 보입니다. 그러나 내 문제만 보는 사람에게는 하나님도 보이지 않습니다. 하나님이 우리를 그렇게 만드셨기 때문입니다.

포로로 잡혀갔다가 고국에 돌아와서 패배 의식에 젖어 있는 이스라엘 백성과 느헤미야가 처한 상황은 매우 달랐음에도 불구하고 느헤미야는 민족의 아픔에 공감했습니다. 그리고 그는 자신의 삶과 시간, 달란트를 하나님께 드렸습니다. 그때 하나님은 느헤미야를 역사 속에 드러내셨습니다.

만약 느헤미야가 예루살렘으로 가지 않았다면, 그는 뛰어난 히브리인 2세로 페르시아 역사에 기록되었을 것입니다. 예루살렘에 남아 있는 유대인들은 느헤미야를 색안경 끼고 보았을 것입니다. 원수의 나라 페르시아에서 예루살렘 총독으로 파견된 자가 히브리인 2세였기 때문입니다. 그러나 느헤미야는 폐허가 된 예루살렘의 문제를 자신의 문제, 우리의 문제로 보았습니다.

**4단계: 현실 너머를 직시하라**

느헤미야는 지금의 상황이 어렵고 힘들다는 것을 사람들에게 알렸습니다.

"예루살렘이 황폐하고 성문이 불탔으니"(느 2:17).

단순히 보이는 현실만 이야기한 것이 아닙니다. 성벽이 무너져 있는 현실 너머 마음도 무너져 있다는 영적인 진단을 포함하고 있습니다. 이처럼 사람들이 현실을 직시하게 하는 것도 리더가 해야 하는 임무입니다. 영양사나 의사는 아무리 먹음직스런 음식이라도 건강을 해칠 만한 음식이라면 정직하게 사실대로 말해 줄 의무가 있는데, 영적인 리더도 마찬가지입니다. 기도하며 정확한 상태를 진단하고 사람들이 현실을 직시하도록 도와주어야 합니다.

**5단계: 구체적인 비전을 나누라**

현실을 직시했으니, 이제 무엇을 해야 하는가를 말해야 합니다. 느헤미야는 하나님이 자신에게 주신 마음을 이야기했습니다.

"자, 예루살렘성을 건축하여 다시 수치를 당하지 말자 하고"(느 2:17).

느헤미야는 수치를 당하지 않기 위해 예루살렘 성벽을 재건해야 한다고 외치며, 예루살렘 성벽 재건의 당위성을 말했습니다. 자신이 직접 수치를 당하지 않았음에도, 하나님의 눈으로 역사를 바라보고 진단하며 비전을 제시했습니다. 그는 기도하면서 역사적 아픔을 깨달았기에 이 비전을 선포할 수 있었습니다.

"자, 예루살렘성을 건축하여 다시 수치를 당하지 맙시다!"라는 느헤미야의 이 한마디는 수많은 뜻을 함축하고 있습니다. 성벽이 무너졌다는 것은 미래가 없다는 뜻이고, 예루살렘의 남은 주민들에게는 다음 세대를 위한 준비가 전혀 없다는 의미입니다. 이에 느헤미야는 모두가 공감할 수 있는 비전을 나누며, 이제까지 하나님이 어떻게 함께하셨는지를 간증했습니다.

**6단계: 하나님이 하신 일을 증거하라**

느헤미야는 자신이 페르시아 왕궁에 있을 때 비참한 예루살렘 소식을 전해 듣고 금식하며 4개월간 기도했던 일과 하나님이 그 기도를 들어주셔서 까다로운 아닥사스다왕에게 죽음을 무릅쓰고 나아갈 수 있었던 일을 전했습니다.

"또 그들에게 하나님의 선한 손이 나를 도우신 일과 왕이 내게 이른 말씀을 전하였더니"(느 2:18).

느헤미야는 과거에 예루살렘 성벽 재건을 전면 중단하라고 통보했던 아닥사스다왕의 마음을 하나님이 바꿔 주신 일, 자신의 간청으로 예루살렘 성전과 성벽을 재건할 좋은 재료들을 가져오게 된 일, 자신이 요청하지 않았음에도 왕이 자신에게 군대 장관과 군대를 붙여 준 일을 모두 이야기했습니다. 그러면서 그는 자신의 위치와 지혜를 자랑하지 않았습니다. 하나님의 선한 손이 모든 것을 도우셨다며 하나님께 영광을 돌렸습니다.

이제 느헤미야가 리더로서 할 수 있는 일은 다 했습니다. 마지막으로 예루살렘에 있는 유대인들의 결정만 남았습니다.

**7단계: 사람들과 함께 일어나라**

예루살렘 사람들은 주변 나라들의 침략에 진절머리가 나 있었습니다. 게다가 성벽 재건 역사를 두 번이나 실패한 경험이 있었습니다. 한편 그들에게 느헤미야는 페르시아 왕궁에서 잘 먹고 잘 살던 히브리인 2세에 불과했습니다. 따라서 이스라엘 백성은 이렇게 생각했을 것입니다.

'저 신출내기 총독이 지금 우리를 이용하는 것은 아닐까?'
'나 먹고살기도 바쁜데 어떻게 아침저녁으로 성벽을 쌓자는 거야!'
'하나님, 무슨 할 일이 이렇게 많나요. 제 가족이나 잘 살펴야겠습니다.'

무너진 성벽을 보수해야 안전하게 살 수 있다고 머리로는 알고 있지만, 막상 그 일에 헌신하자니 먹고살 일이 걱정되었습니다. 성벽을 쌓으려면 먹고사는 일은 고사하고, 한 손으로는 삽을 들어 성벽을 쌓고, 한 손으로는 칼을 들고 대적들과 전쟁을 해야 했기 때문입니다. 죽을 수도 있는 이 일을 누가 능히 감당하겠습니까?

그런데 놀라운 일이 일어났습니다. 이스라엘 백성이 느헤미야의 말을 듣고 뜨겁게 일어난 것입니다.

"그들의 말이 일어나 건축하자 하고 모두 힘을 내어 이 선한 일을 하려 하매"(느 2:18).

이스라엘 백성이 하나님이 주신 뜨거운 비전 앞에서 한마음이 되어 자리를 박차고 일어난 것입니다. 성경에서 '일어나다'라는 표현은 '불 일 듯 열정적으로 행동하다'라는 뜻입니다.

뛰어난 리더는 시대를 잘 만나야 합니다. '시대'란 '시간'을 뜻하기도 하지만, 여기에서는 '세대'를 가리킵니다. 즉 리더는 세대를 잘 만나야 한다는 뜻입니다. 리더가 아무리 교육을 잘한다 해도 세대가 따르지 않으면 어떤 일도 일어나지 않습니다. 이 말씀은 훌륭한 리더와 열정으로 일어나는 무리가 만난, 하나님이 이루신 역사의 한 장면입니다.

"저 먼 페르시아 궁전에서 온 히브리인 2세가 저 정도로 뜨겁다면 우리가 함께 일어나야 합니다. 우리가 솔선수범해서 성벽을 재건해야 합니다. 일어납시다. 일어납시다!"

이는 포로로 잡혀가서 절망 속에 있었던 이스라엘 백성에게 하나님이 이사야를 통해 주신 말씀을 상기시킵니다.

"일어나라 빛을 발하라 이는 네 빛이 이르렀고 여호와의 영광이 네 위에 임하였음이니라"(사 60:1).

이스라엘 백성의 감정만이 아니라 지(知), 정(情), 의(義) 전부가 뜨거워졌습니다. 그러자 그들은 힘을 내어 하나님의 일을 하자며 일어났습니다.

그런데 하나님의 사람들이 일을 시작할 때 반드시 기억해야 하는 사실이 있습니다. 사탄이 하나님의 선한 일을 방해한다는 것입니다.

"호론 사람 산발랏과 종이었던 암몬 사람 도비야와 아라비아 사람 게셈이 이 말을 듣고 우리를 업신여기고 우리를 비웃어 이르되 너희가 하는 일이 무엇이냐 너희가 왕을 배반하고자 하느냐 하기로"(느 2:19).

사탄의 전략은 언제나 똑같습니다. "너희가 왕을 배반하고자 하느냐"라고 말함으로 오해를 불러일으키고 이간질합니다. 이 일에 앞장섰던 호론 사람 산발랏은 사마리아의 통치자로서 유대와 예루살렘을 실질적으로 지배하는 자였습니다. 또한 암몬 사람 도비야와 아라비아 사람 게셈은 예루살렘이 회복되는 것을 두려워하는 자들이었습니다. 악은 악으로 똘똘 뭉칩니다. 특별히 하나님의 사람들이 하나가 되어 갈 때 더욱 그렇습니다.

그러나 준비된 사람 느헤미야는 기도하며 이에 대비했고, 다음과 같이 선포했습니다.

"내가 그들에게 대답하여 이르되 하늘의 하나님이 우리를 형통하게 하시리니 그의 종들인 우리가 일어나 건축하려니와 오직 너희에게는 예루살렘에서 아무 기업도 없고 권리도 없고 기억되는 바도 없다 하였느니라"(느 2:20).

한마디로 말하면, '국물도 없다'라는 말입니다. 느헤미야는 '우리'라고 이야기했습니다. 하늘의 하나님이 우리를 형통하게 하신다고 선포했습니다.

느헤미야에게는 왕이 허락한 조서와 왕이 보내 준 왕의 군대가 있었습니다. 그러나 그는 반대 세력의 위협 앞에서 그 군대를 내세우지 않았습니다. 자신이 갖추고 있는 조건들을 활용할 법도 한데, 그렇게 하지 않았습니다. 그는 대적자들에게 단지 이렇게 말했습니다.

"하늘의 하나님이 우리를 도우실 것이다. 이 일은 하나님이 하신 것이다. 그리고 우리는 그 일을 감당하는 하나님의 종이다. 우리는 이 일을 하나님의 자녀로서 감당하지만, 너희는 국물도 없다. 하나님이 우리와 함께하신다. 하나님이 우리의 아버지시다. 썩 물러가거라!"

그리고 이제 황무지에서 장미가 피는 역사가 시작됩니다. 하나님은 예루살렘 성전과 성벽이 무너진 지 140여 년 만에 그 황폐한 땅에서 장미가 피게 하셨습니다. 그동안 곳곳에 흩어져 있던 히브리인들이 얼마나 눈물로 기도했을까요? 오늘을 살아가는 우리는 이 시대를 품고 기도하며 준비하는 느헤미야가 되어 새로운 역사를 써야 합니다. 우리 한 사람, 한 사람이 느헤미야가 되어야 합니다.

하나님은 기도로 준비하고, 현실을 직시하며, 공동체의 문제를 나의 문제로 바라볼 줄 아는 자에게 황무지에서 장미를 피우는 기회와 능력을 주신다.

### 적용 질문

1. 어디에 가장 많이 접속하며 살아가고 있습니까?
2. 진정으로 주님을 만나며 살아가고 있습니까?
3. 장미가 피어나는 역사를 이루어야 할 나의 황무지는 어디입니까?

2장
# 회복을 위한 열심

# 04

# 하나님의 오케스트라

_느 3:1-14

●

"그때에 대제사장 엘리아십이 그의 형제 제사장들과 함께 일어나 양문을 건축하여 성별하고 문짝을 달고 또 성벽을 건축하여 함메아 망대에서부터 하나넬 망대까지 성별하였고"(느 3:1).

오케스트라 연주를 감상할 때 뒤에서 북 치는 연주자를 유심히 지켜본 적이 있습니다. 그는 앞에서 연주하는 피아노, 바이올린, 첼로 같은 악기에 비해 잘 보이지 않는 맨 뒤에 위치하며, 한참을 기다렸다가 한 번씩 북을 쳤습니다. 화려한 악기에 가려져 있다고 할 수 있습니다. 하지만 북과 같은 타악기를 정확한 타이밍에 연주하지 않는다면 어떻게 될까요? 오케스트라는 결코 아름다운 하모니를 이룰 수가 없습니다.

교회는 각기 다른 지체가 모여 그리스도의 한 몸이 된 공동체입니다. 그러므로 교회는 지휘자이신 예수님을 바라보고 그분의 지휘를 따라 맡은 역할을 감당할 때 아름다운 화음을 낼 수 있습니다. 아무리 소외되어 보이는 악기라도 모든 악기가 오케스트라의 연주에 꼭 필요하듯, 교회에서도 비중이 없는 역할처럼 보여도 어느 한 사람이 손을 놓으면 모두가 불편을 겪게 됩니다. 하나님 앞에서는 한 사람, 한 사람이 소중한 존재이고, 그가 하는 일도 소중하기 때문입니다.

느헤미야 3장에는 예루살렘 성벽을 재건한 사람들의 이름이 일일이 기록되어 있습니다. 수천 년의 구원 역사를 기록하고 있는 성경에서 이렇게 많은 부분을 할애해 예루살렘 성벽을 재건한 사람들의 이름을 기록한 데는 두 가지 큰 의미가 있습니다. 첫째는 그들이 한 일이 그만큼 영광스러운 일이었다는 뜻이고, 둘째는 하나님께 한 사람, 한 사람이 매우 소중하다는 증거입니다.

### 하나님의 오케스트라에 참여한 사람들

역사적인 성벽 재건에, 하나님이 지휘하시는 오케스트라에 참여한 사람들은 어떤 부류였을까요?

**솔선수범한 사람**
제사장들이 가장 솔선수범했습니다. 대제사장 엘리아십을 비롯한 동료 제사장들이 가장 중요한 문인 양문과 함메아 망대부터 하나넬 망대까지 건축했습니다.

> "그때에 대제사장 엘리아십이 그의 형제 제사장들과 함께 일어나 양문을 건축하여 성별하고 문짝을 달고 또 성벽을 건축하여 함메아 망대에서부터 하나넬 망대까지 성별하였고"(느 3:1).

'성별하였다'라는 성경의 증언은 그들이 맡은 구역을 재건하는 일을 마친 후 하나님께 봉헌하고 예배드렸다는 의미입니다. 이 대목에서 이스라엘 백성은 단순히 성벽을 재건한 것이 아니라, 이를 통해 하나님이 그들의 마음을 만져 주실 것을 기대했다는 점을 알 수 있습니다.

엘리아십은 대제사장으로서 가장 높은 지위에 있는 사람이지만, 어려울 때는 가장 낮은 곳에서 모범을 보였습니다. '양문'은 '양의 문'으로, 제사를 지낼 양들이 드나드는 문입니다. 이 문은 가장 많이 파괴된 문들 중 하나였기에 양문을 재건하는 일은 가장 어려운 임무였습니다. 이처럼 리더는 가장 중요하고 힘든 일에 솔선수범해야 합니다.

공사 중 처음에 세워진 문은 '예배와 은혜'라는 의미를 지닌 '양문'이었고, 제일 나중에 완공된 문은 '심판'을 뜻하는 '함밉갓문'이었습니다(느 3:31). 이런 맥락에서 성벽 건축에 참여하는 것은 영광스런 예배에 들어가 하나님의 은혜를 체험하는 기회라고 할 수 있습니다. 그리고 그 열매는 심판으로 마감하는 것입니다. 심판에는 하나님이 공평하게 공의로 갚아 주신다는 의미가 깃들어 있기 때문에, 최선을 다하고 순종하며 눈물을 흘리면서 씨를 뿌린 자들에게 심판은 기쁨의 소식입니다. 그러나 맡겨진 일을 대충대충 하다가 포기하거나 헌신으로 시작했다가 불평으로 끝나는 자들에게 심판날은 두려운 날이 될 것입니다. 양문으로 시작해서 함밉갓문으로 끝낸 이들의 여정에는 이런 영적 의미가 있다고 할 수 있습니다.

### 희생정신을 발휘한 사람

여리고 사람들도 건축에 참여했습니다(느 3:2). 여리고는 예루살렘에서 27km나 떨어져 있었지만, 그들은 먼 거리를 개의치 않고 달려왔습니다. 그 이유는 공동체를 사랑하는 마음이 있었기 때문입니다.

여리고 사람들이 먼 거리에서 달려온다는 소식을 들은 다른 민족들,

즉 드고아, 기브온, 미스바 사람들도 만만치 않은 거리를 마다하고 성벽을 재건하기 위해 몰려왔습니다. 여리고 사람들의 선의에 자극을 받은 것입니다. 이처럼 헌신은 또 다른 헌신을 불러옵니다.

**불평하는 사람과 헌신하는 사람**

일을 할 때면 불평하는 사람이 있기 마련입니다. 이때 불평을 하는 그룹은 대개 두 종류로 나뉘곤 하는데, 일을 하면서 불평하는 그룹과 일도 하지 않으면서 불평하는 그룹입니다.

드고아 지방에 있는 사람들도 마찬가지였습니다. 그들은 이 위대한 하나님의 사역에 동참하기를 거부했습니다(느 3:5). 그 이유는 성경에 기록되어 있지 않지만, 아마도 귀족들은 예루살렘 성벽이 재건되지 않더라도 잘 먹고 잘 살 수 있었기 때문인 것 같습니다. 같은 유대인이지만 자기 자신과는 별 상관이 없다고 생각한 것입니다.

그들의 모습은 제사장이면서도 제일 솔선수범하여 성벽 재건의 선봉 부대를 자처한 리더십과 사뭇 비교됩니다. 또한 27km나 되는 거리에서 달려온 여리고 사람들과도 비교됩니다. 예루살렘 성전에서 드고아 지방까지의 거리는 16km밖에 되지 않았습니다. 드고아 귀족들에게 주어진 부와 명예가 독이 된 것입니다. 드고아 귀족들의 비겁한 모습은 2,500년이 지난 지금까지 성경을 통해 우리에게 전해지고 있습니다. 그런데 나중에 재미있는 일이 벌어졌습니다.

"그다음은 드고아 사람들이 한 부분을 중수하여 내민 큰 망대와 마주 대한 곳에서부터 오벨 성벽까지 이르렀느니라"(느 3:27).

불평하며 움직이지 않는 귀족들의 모습을 지켜보고 있던 드고아 백성이 성벽 재건에 나선 것입니다. 귀족들에 비해 상황이 힘들고 어려웠던 드고아 백성이 힘 있게 이 일을 감당했습니다. 이렇게 달려온 드고아 평민들은 단순히 의무감 때문에 일하지 않았습니다. 그들은 기쁨으로 일했습니다. 자신들에게 맡겨진 분량보다 더 많은 곳, 즉 다른 구역인 오벨이라는 성벽 구역까지 자발적으로 건축을 도왔습니다. 축복은 이런 자들에게 임합니다. 자신의 능력과 상황을 불평하는 사람은 결코 아무 축복도 누릴 수 없습니다.

**절대 권력자**

살룸은 예루살렘 지역의 절반을 다스린 실제적인 권력자였습니다. 그러나 그는 자신의 가족까지 데리고 와서 함께 일했습니다.

> "그다음은 예루살렘 지방 절반을 다스리는 할로헤스의 아들 살룸과 그의 딸들이 중수하였고"(느 3:12).

12절은 굉장히 특이한 구절로 다른 곳에서 잘 볼 수 없는 내용입니다. 살룸에게는 아들이 없었던 것 같습니다. 그는 중노동인 성벽 재건을 딸들과 함께했습니다. 그는 이 일을 기쁨으로 감당했습니다. 예루살렘 권력자들 중 한 사람이었기에 많은 노동자를 고용할 수 있었을 것입니다. 그런데 그 일에 딸들을 참여시켰습니다. 성벽 재건이 영광스러운 일이라는 것을 알았기 때문입니다. 살룸은 딸들이라도 하나님께 드리겠다는 눈물의 헌신을 한 것입니다.

### 소수민족 사람들

성벽 재건에 참여한 사람들 중 소수민족 사람도 등장합니다.

"골짜기 문은 하눈과 사노아 주민이 중수하여 문을 세우며 문짝을 달고 자물쇠와 빗장을 갖추고 또 분문까지 성벽 천 규빗을 중수하였고"(느 3:13).

하눈과 사노아 주민은 예루살렘으로부터 각각 약 16km, 24km 떨어진 지역에 사는 소수민족 사람들입니다. 그리고 말씀에서 유일하게 이들이 건축에 참여한 길이를 확인할 수 있습니다. 소수민족은 비록 적은 인원이었지만, 하나님은 이들도 기억하셨습니다. 그들은 '천 규빗', 오늘날로 환산하면 450미터가 넘는 길이를 건축했습니다. 그것도 험하다고 소문난 힌놈이라는 골짜기 위에 성벽을 건축했습니다.

### 똥문을 건축한 사람

14절은 벧학게렘 지방을 다스리는 레갑의 아들 말기야가 등장해 '분문'을 건축했다고 기록하고 있습니다.

"분문은 벧학게렘 지방을 다스리는 레갑의 아들 말기야가 중수하여 문을 세우며 문짝을 달고 자물쇠와 빗장을 갖추었고"(느 3:14).

그가 건축한 분문은 어떤 문이었을까요? NIV 성경은 'Dung Gate', 즉 '똥문'이라고 번역했고, 현대인의성경은 다음과 같이 번역했습니다.

"하눈과 사노아 주민들은 골짜기문을 건축하여 문짝을 달고 자물쇠와 빗장을 설치하였으며 그들은 또 똥문까지 성벽 450미터를 수리하였다. 벤-학게렘 지방을 다스리는 레갑의 아들 말기야는 똥문을 건축하여 문짝을 달고 자물쇠와 빗장을 설치하였다"(느 3:13-14, 현대인의성경).

'똥문을 건축했다'고 이야기합니다. 이 문은 예루살렘성 안에 있는 쓰레기들을 힌놈 골짜기로 내보내는 더러운 문이었습니다. 말기야가 그 냄새 나는 곳에 문을 세우고, 문짝을 달고, 자물쇠와 빗장을 갖추며 정성스레 일을 감당한 것입니다. 중동의 날씨는 덥기로 유명한데, 얼마나 냄새가 났을까요? 말기야는 누구도 하지 않으려고 했던 그 일을 충성스럽게 해내고 하나님의 책에 당당하게 그 이름을 올렸습니다. 아마도 그에게는 하나님의 도성이 깨끗하도록 오물을 청소하고 있다는 자부심이 있었을 것입니다.

대부분의 사람에게는 눈에 보이는 일, 칭찬받는 일을 우선시하는 심리가 있습니다. 그리고 드러내 보이기를 좋아하는 사람이 많을수록 공동체는 아픔을 겪습니다. 하지만 말기야와 같은 사람이 많으면 그 공동체는 기쁨과 생명력으로 가득 찹니다.

이민 교회에서 사역할 때 가슴이 뭉클해지는 순간이 많았습니다. 화장실에 비닐봉지를 들고 청소하러 들어가는 성도들의 뒷모습을 볼 때, 친교를 위해 준비한 음식을 큰 솥에 담아 낑낑대며 들고 오는 성도들의 모습을 볼 때, 휘파람 불며 쓰레기를 정리하는 청년들의 모습을 볼 때, 능숙하게 식탁과 의자를 정리하는 장년들의 모습을 볼 때, 추운 날씨에도 주차장에서 봉사하는 성도들의 모습을 볼 때 가슴이 뭉클했습니다.

성벽 재건에 참여한 사람들이 소개될 때 반복해서 등장하는 단어가 있습니다. 바로 '그다음'입니다. 서로 맡은 역사는 달랐지만, 그들은 하나님의 도성 예루살렘 성벽의 한 부분을 맡아서 서로 연결했습니다. 양문 건축을 시작으로 생선문, 똥문… 그다음, 그다음으로 연결했습니다.

그들은 단순히 성벽만 건축한 것이 아닙니다. 비교적 가까운 거리에서 참여한 사람들부터 먼 곳 여리고에서 온 사람들까지, 그 사람들의 마음과 심령을 건축한 것입니다. 이렇게 볼 때 '그다음'이라는 단어와 말씀 전반에 숨어 있는 표현들이 있습니다. 그것은 '한마음', '하나 됨', '기쁨', '하나님의 일', '연결됨'입니다. 이것을 다시 풀어서 쓰면 '한마음과 기쁨으로 이루어 가는 하나님의 일'이라고 할 수 있습니다. 이것이 바로 살아 있는 삶의 예배입니다. 하나님이 오케스트라를 지휘하실 때 우리는 이처럼 한마음으로 우리가 그리스도의 백성임을 기억하게 됩니다.

예루살렘 성벽을 재건하는 사람들은 역사에 한이 맺힌 사람들이었습니다. 그들은 눈물로 벽돌 한 장, 한 장을 쌓아 올렸습니다. 지휘자이신 하나님을 따라 연주하며 예루살렘 성벽 공사라는 역사를 쓰게 되었습니다. 적어도 32개의 그룹이 참여하여 45개의 대단위로 나누어 10개 성문을 짓는 엄청난 공사를 조직적으로 해낸 것입니다. 교회도 이와 같아야 합니다. 우리 모두 하나님의 지휘에 순종하고 한마음으로 따르는 공동체가 되어 아름다운 하모니를 이루어 갑시다.

역사의 주인이신 하나님의 지휘에 순종하며, 각자의 위치에서 최선을 다하여 삶을 연주할 때 한 맺힌 눈물이 사라지고 무너진 영혼의 성벽이 재건된다.

### 적용 질문

1. 솔선수범과 희생으로 나에게 선한 영향력을 준 리더가 있습니까?
2. 성벽 재건에 참여한 사람들 중 가장 도전이 된 이들은 어떤 부류입니까?
3. 공동체 안에서 내가 감당해야 할 성벽 재건의 사역은 무엇입니까?

## 05

# 공동체를 다시 생각하다 :
# 손에 손잡고

_느 3:15-32

●

"그 다음은 삽배의 아들 바룩이 한 부분을 힘써 중수하여 성 굽이에서부터 대제사장 엘리아십의 집 문에 이르렀고"(느 3:20).

한 조사에 의하면, 젊은 세대를 겨냥한 주말 인기 TV 프로그램들은 '공동체와 경험'이라는 키워드를 보여 준다고 합니다. 자유분방함 속에서 외로움과 공허함을 느끼고 있는 요즘 세대의 정서를 프로그램에 반영하고 있는 것입니다.

공지영 작가의 소설 『즐거운 나의 집』도 현실을 잘 반영한 작품이라고 할 수 있습니다. 소설의 주인공은 세 아이의 엄마인데 결혼을 세 번 해서 세 아이의 성이 모두 다릅니다. 그리고 엄마는 어려운 환경에서도 인생을 포기하지 않고 세 아이를 행복하게 잘 키워 냅니다. 이런 이야기가 사람들의 마음을 울리는 이유는 이 소설 속의 서사가 현재 한국 사회와 현대 문화를 반영하고 있기 때문입니다. '너'의 이야기가 아니고 '나'의 이야기인 까닭입니다.

느헤미야 3장에 등장하는 이스라엘 백성은 나라를 잃은 상처 속에서 살아간 사람들이었습니다. 온갖 열등감과 패배감을 안고 살아갔습니다. 그들이 지나온 역사는 외세의 침략과 노예로 잡혀간 아픔으로 점철되어 있었습니다. 살던 집은 불타고, 도시를 보호해 주는 성벽은 다 무너져 내리고, 예배하던 성전은 형편없는 모습으로 존재했습니다. 남자들 대부분은 전쟁에서 죽거나 포로로 잡혀가서 가정도 파괴되어 있었습니다.

이런 상처를 안고 살아가는 사람들을 하나로 묶는 일은 결코 쉬운 일이 아닙니다. 그런데 그들을 하나로 묶을 수 있다는 꿈을 꾼 한 사람이 있었습니다. 바로 느헤미야입니다.

## '너'의 문제를 '나'의 문제로

무너진 예루살렘 성벽을 재건하기 위해서 느헤미야가 가장 먼저 해야 할 일은 소망이 없던 사람들에게 비전을 심어 주고 마음을 하나로 모으는 것이었습니다.

### 서로를 위한 헌신

예루살렘 성벽 재건에는 온갖 다양한 부류의 사람들이 참여했습니다. 앞 장에서 소개했던 이들을 다시 한번 살펴보겠습니다.

먼저 제사장들이 솔선수범했고, 예루살렘에서 27km나 떨어진 곳에서 살고 있던 여리고 사람들도 와서 건축에 참여했습니다. 돈 많고 지위가 높은 드고아 귀족들은 성벽 공사에 불순종했지만, 이 사태를 지켜보고 있던 드고아 백성이 공사를 시작하는 가슴 뭉클한 일도 있었습니다. 예루살렘 지역의 절반을 다스린 실제적인 권력자 살룸은 엄청난 부와 권력을 가졌음에도 불구하고 자신의 가족들을 데리고 와서 함께 일했습니다. 소수민족이었던 하눈과 사노아 거민은 험하기로 소문난 힌놈 골짜기에 450미터가 넘는 골짜기 문을 건축했고, 말기야는 분문을 세우고 정성스레 일을 감당했습니다.

이후에도 많은 이의 헌신이 이어졌습니다. 15절에는 미스바 지방을 다스리는 살룬이 등장합니다. '미스바'는 히브리어로 '망대, 망루'라는 의미로, 예루살렘 북쪽에 자리 잡고 있습니다. 어떻게 보면 예루살렘과 별 관련 없는 지역에 사는 사람들이 예루살렘 성벽을 재건하기 위해 온 것입니다. 여리고 사람들이 먼 거리에서 달려온다는 소식을 듣고 드고아, 기브온 사람도 참여한 것처럼 말입니다.

이어지는 16절도 동일한 사건을 기록하고 있습니다. 벧술 지방의 절반을 다스리는 아스북의 아들 느헤미야가 예루살렘 서남 지역에서 움직여서 예루살렘 동쪽 성벽을 재건했습니다. 북쪽에서 미스바의 살룬이 마친 일을 남쪽의 지도자가 이어받아 완료한 것입니다. 벧술 지방은 예루살렘에서 24km나 떨어져 있었습니다. 예루살렘을 아래위로 두고 있어 서로 경쟁하며 싸울 법도 한데, 그들은 전혀 다투지 않고 침착하게 자신들의 업무를 감당했습니다. 성경에서 '서로 질투했다, 싸웠다, 경쟁했다'는 이야기는 도무지 찾아볼 수 없습니다. 리더들이 연합하여 역사를 이루는 아름다운 모습만 있습니다.

### 공감하는 능력

성벽 재건은 예루살렘 안에 있는 사람들만으로는 이룩할 수 없는 규모였습니다. 느헤미야 3장만 읽어 봐도, 예루살렘 성벽 밖에 있는 사람들이 훨씬 더 많이 동참했다는 사실을 알 수 있습니다. 나라가 망한 마당에 성안에 있는 백성보다 어쩌면 정말 자신들의 이익과는 별 상관없는 멀리 떨어진 다른 도시에 있는 사람들이 예루살렘 성벽을 재건하는 일을 자신들의 일로 삼은 것입니다. 느헤미야는 이 상황을 기회로 보았습니다.

어떤 경우 하나님의 일을 한다는 사람들이 촌각을 다투는 문제 앞에서도 나의 일이냐, 너의 일이냐를 따지며 서로 싸우고 상처를 주기도 합니다. 그러나 진짜 하나님의 은혜를 체험한 사람들은 '너'의 문제를 '나'의 문제로 생각합니다. 예수님을 믿고 구원받은 자들이 맺는 인격의 열매 중 하나는 공감하는 능력입니다. 타인의 아픔을 나의 아픔으로 느끼는 것입니다. 이러한 공감의 능력은 느헤미야서 전반에 깔려 있습니다. 예루살렘의 아픔을 자신의 아픔으로 공감하는 이들이 계속해서 등장하기 때문입니다.

17절에는 레위 사람 르훔이 등장합니다. 그는 제사장 업무를 수행해야 하는데도 성벽 재건에 참여했습니다. 제사장 가문으로서 성전의 일을 하기에도 바쁘다는 핑계를 댈 수 있었을 것입니다. 그러나 그는 핑계를 대지 않았습니다. 예루살렘 성벽이 없으면 성전이 안전할 수 없다는 것을 알고 있었기 때문입니다.

22절을 보면, 평지에 사는 제사장들도 성벽 재건에 참여했습니다. 평지에 사는 제사장들은 비교적 계급이 낮은 사람들이었습니다. 그래서 오히려 현실적으로 불평이 많았을 수 있습니다. 그러나 그들은 레위 사람 르훔과 마찬가지로 무너진 성벽 재건에 참여했습니다.

다시 17절 하반절로 돌아가 보면, 하사뱌가 등장합니다. 그는 그일라 지방 절반을 다스리는 자로서 그 지방을 대표하여 중수했다고 합니다. 사람들을 대표해서 하나님의 일을 한다는 것은 이 땅에서는 물론, 장차 올 세상에서도 매우 영광스러운 일입니다. 그러므로 하나님의 일을 맡아서 수행하게 될 때는 '아, 나 같은 사람이 하나님의 거룩한 일을 맡아서 하는구나!'라는 감격 속에서 해야 합니다.

20절에는 이런 감격과 즐거움으로 일한 사람의 이름이 등장합니다.

> "그다음은 삽배의 아들 바룩이 한 부분을 힘써 중수하여 성 굽이에서부터 대제사장 엘리아십의 집 문에 이르렀고"(느 3:20).

느헤미야는 삽배의 아들 바룩이 '힘써 일했다'고 표현했습니다. 바룩은 열정이 많은 사람이었던 것 같습니다. 누구든 다 하는 분위기니까 기본만 하면 된다고 생각했을 법도 한데, 바룩은 힘쓰고 애쓰며 열정적으로 맡은 일을 감당했습니다. 하나님이 보시는 것은 일의 결과가 아니라, 순종하는 모습입니다. 순종은 충성을 전제로 합니다. 하나님은 충성을 다해 힘쓰는 바룩의 행함을 보셨습니다. 그는 분위기나 주변의 환경을 바라보지 않고, 하나님 안에서 인생에 주어진 축복의 기회를 놓치지 않았습니다.

이런 사람이 또 한 명 등장합니다. 하눈입니다(느 3:30). 하눈은 살랍의 여섯 번째 아들입니다. 성벽 건축에 참여한 이들의 이름을 기록한 느헤미야 3장은 모든 아들을 '누구의 아들' 정도로만 기록하고 있는데, 유독 하눈만 '여섯째 아들'이라고 기록하고 있습니다. 추측건대, 형들이 침략으로 일찍 죽었거나 가족의 반대로 성벽 재건에 참여하지 않았던 것 같습니다. 혹은 형제 여섯이 있는데, 아마도 가족들이 막내인 하눈의 일을 환영하지 않았던 것 같습니다. 드고아 지방의 귀족들처럼 말입니다. 그런데도 하눈은 주눅 들지 않고 성벽 재건의 일을 감당했습니다.

마지막으로 눈여겨볼 사람들은 '느디님 사람들'입니다(느 3:26). 이들은 여호수아 시대에 자신들이 이스라엘에 의해 멸망될까 두려워 여호수아와 불가침조약을 맺었던 기브온 족속으로, NIV 성경은 이들을 '성전 수종자들'(temple servants)로 번역했습니다. 느헤미야는 이들을 이렇게 기록했습니다.

> "그때에 느디님 사람은 오벨에 거주하여 동쪽 수문과 마주 대한 곳에서부터 내민 망대까지 이르렀느니라"(느 3:26).

'수문'은 15절의 '샘문'과 어떤 차이가 있을까요? 둘 다 물과 관련된 문이라는 공통점이 있지만, 샘문은 성전에 물을 공급하는 장소였고 수문은 주민들의 식수를 공급하는 곳이었습니다.

대개 물은 성경에서 성령을 뜻합니다. 그러니까 수문에는 '성령 충만, 말씀 충만'이라는 영적인 의미가 있습니다. 이곳으로 많은 물이 들어오듯 성도들은 하나님 말씀의 충만함을 입어야 합니다. 사람들이 장작을 패듯 우리는 성경 말씀을 쪼개고 쪼개서 본의미가 무엇인지를 밝혀내야 합니다. 또 깊은 곳에서 물을 길어 올리듯 도무지 깨닫지 못할 것 같은 말씀도 성령의 도우심으로 해석해야 합니다. 이러한 말씀 충만의 수문이 우리에게 있어야 합니다.

하나님은 이 같은 성령 충만, 말씀 충만의 역사를 상징하는 수문을 건축하는 일을 히브리인이나 제사장이 아니라, 목숨을 구걸했던 노예들인 느디님 사람들에게 맡겨 주셨습니다. 그들은 더 이상 노예가 아니었기에 아마 시편 기자의 심정으로 일에 임했을 것입니다.

"악인의 장막에 사는 것보다 내 하나님의 성전 문지기로 있는 것이 좋사오니"(시 84:10).

## 하나님 나라를 이루는 성벽 쌓기

북쪽에서 미스바의 살룬이 마친 일을 남쪽의 지도자가 이어받았고, 또 레위 사람이 공사를 이어받았습니다. 그리고 그 일은 하사뱌에게 넘어갔고, 또다시 그 일은 하사뱌의 동생으로 여겨지는 바왜에게 넘어갔습니다(느 3:18). 그렇게 계속해서 그다음 맡은 이들에게 일이 넘어갔고, 마침내 처음 시작했던 양문으로 돌아왔습니다. 이 모든 일은 마치 톱니바퀴가 돌아가듯 척척 진행되었습니다.

성벽 재건에는 다양한 직업을 가지고, 각자 처한 환경이 다른 사람들이 함께했습니다. 그리고 이 과정에서 느헤미야는 흩어지고 상처받은 사람들의 마음을 하나로 모으고자 부단히 노력했습니다. 또한 그의 뜻에 따른 사람들은 140여 년간 중단되었던 예루살렘 성벽 재건을 단 52일 만에 마쳤습니다.

우리는 이러한 느헤미야와 이스라엘 사람들의 역사에서 다음과 같은 적용점을 발견할 수 있습니다. 코로나 팬데믹으로 많은 사람의 마음이 갈라져 있는 상황에서 그리스도인들이 '죽어 가는 영혼들을 하나님께 인도하는 것'을 인생의 목표로 삼는 것입니다.

그리스도인은 이제 예수님의 사랑을 세상 사람들에게 전하는 자를 넘어, 그리스도의 사랑을 보여 주는 사람이 되어야 합니다. 그리고 그런 교회가 되어야 합니다. 예수님의 사랑을 실천하는 모습이 교회의 문화가 되어야 합니다. 이제는 어려움으로 지치고 흩어진 마음을 하나로 모아야 할 때입니다. 예수님의 이름으로, 예수님의 사랑으로 그렇게 다리를 놓읍시다.

하나님 나라를 이루는 예루살렘 성벽 쌓기는 절대 혼자 할 수 있는 일이 아닙니다. 망연자실해 있던 예루살렘과 주변의 유다 민족들이 본 환상은 바로 하나님 나라를 재건하는 것이었습니다. 그래서 그들은 손을 잡았습니다. 당시 상황을 그들의 자녀들에게 물려줄 수 없었기 때문입니다. 드고아 귀족들은 뒷짐을 지고 있었지만, 절망을 경험했던 대부분의 사람들 마음속에는 '다시 한번 공동체를 일으키자'는 소망이 불 일듯 일어났습니다. 성벽 재건에 대한 방해와 어려움이 끊임없이 반복됐지만, 그들은 한 가족이라는 공동체 의식을 가지고 함께 일어났습니다.

지금 힘든 상황 가운데 있습니까? 하나님의 비전 공동체인 교회로 오십시오. 함께 고민하고, 함께 기도하며, 함께 일어납시다.

비전은 흩어졌던 마음을 하나로 모아 하나님의 일을 감당할 수 있게 한다. 그렇게 하나의 비전으로 하나가 된 하나님의 공동체 안에서 발휘된 충성과 헌신은 이 손에서 저 손으로 이어져 새 역사가 된다.

**적용 질문**

1. 일할 때 주변 환경과 분위기에 영향을 많이 받는 편입니까?
2. 성령 충만과 말씀 충만을 위한 나의 수문은 어떻게 관리하고 있습니까?
3. 상처받은 주변 사람들의 회복을 위해 내가 할 수 있는 일은 무엇입니까?

# 06

# 내 삶에
# 무너진 성벽을 재건하라

_느 3:1-32

"그다음은 금장색 말기야가 함밉갓문과 마주 대한 부분을 중수하여 느디님 사람과 상인들의 집에서부터 성 모퉁이 성루에 이르렀고 성 모퉁이 성루에서 양문까지는 금장색과 상인들이 중수하였느니라"(느 3:31-32).

## 10개의 성문과 그 영적 의미

주전 586년 바벨론의 침략으로 예루살렘의 모든 성벽은 파괴되었습니다. 하지만 남유다는 무너진 성벽을 다시 쌓았습니다. 외세의 침략으로 인해 무너진 성벽을 다시 쌓는 일은 영적으로도 매우 유익한 일이었습니다. 이때 성벽은 10개의 성문과 5개의 망대를 중심으로 재건되었습니다. 북쪽의 양문을 중심으로 시작해 시계 반대 반향으로 서쪽과 남쪽으로, 그리고 동쪽의 함밉갓문을 끝으로 공사를 마쳤습니다.

특별히 느헤미야 3장에 나온 10개의 성문은 우리 삶의 무너진 신앙을 들여다보게 합니다. 앞 장에서도 살펴 보았지만, 10개의 문이 가진 영적 의미를 통해 우리의 삶에 무너진 곳을 발견하고 강건한 부분을 진단하며 큰 유익을 얻길 바랍니다.

# 성벽 도면

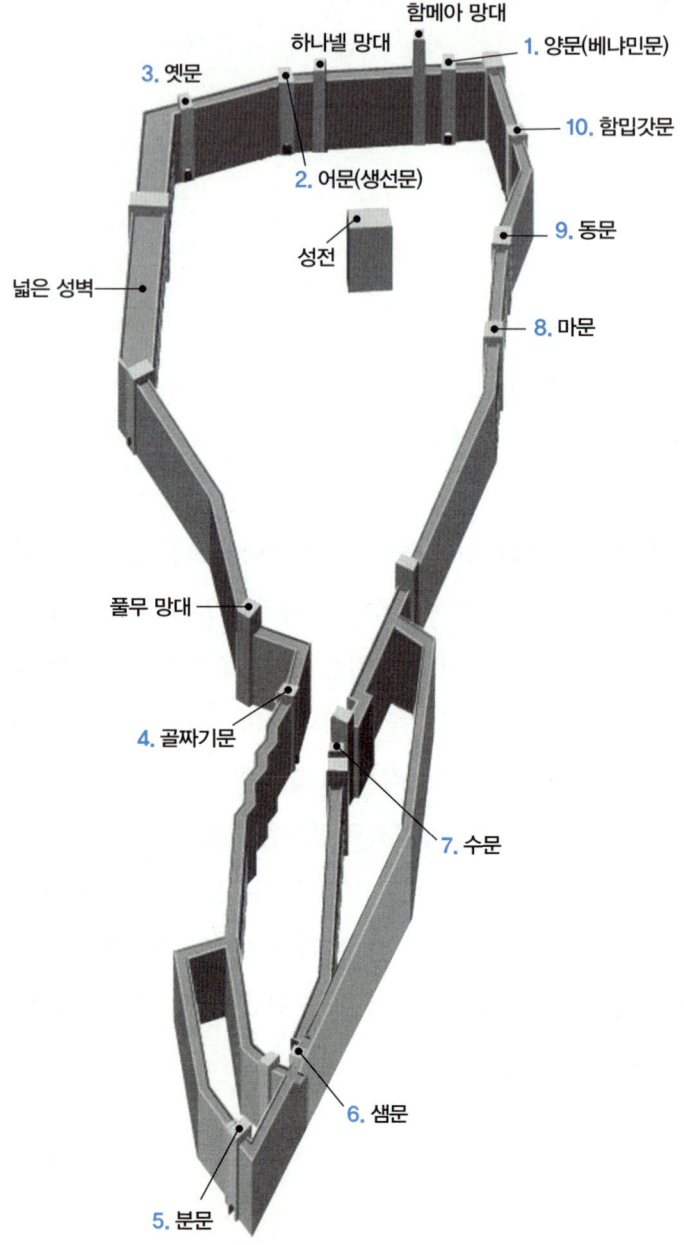

### 양문 Sheep Gate
**예배와 은혜**(느 3:1, 3:32, 12:39, 요 5:2)

양문은 예배의 제물로 쓰이는 양들이 드나드는 문입니다. 우리를 대신해 제물이 되신 어린양 예수님이 이 문을 지나가 주셨기에 이 문은 곧 예수님을 뜻하기도 합니다. 이 양문은 엘리아십을 비롯한 제사장들이 건축했습니다. 가장 첫 번째 문을 제사장들이 건축했다는 것은 우리의 모든 시작과 마침이 예배여야 한다는 것을 일깨워 줍니다. 그래서 신학적으로 양문은 '예배와 은혜'라는 의미를 갖습니다.

기도하며 영광스러운 예배로 들어가는 것은 고통스럽고 힘들지만, 그 과정을 통해 하나님의 은혜를 경험할 수 있습니다. 현대인의 문제는 행복을 좇으면서도 그 대가를 치르려고 하지 않는다는 것입니다. 과연 가정과 공동체를 위해서 얼마만큼 애쓰고 기도하고 있습니까? 내가 먼저 하나님 앞에 거룩하게 구별되어 예배하고 있는지 돌아보아야 합니다.

### 어문 Fish Gate
**구원과 전도**(느 3:3, 12:39, 대하 33:14, 습 1:10)

어문은 말 그대로 생선문입니다. 시장 상인들이 두로와 갈릴리 바다에서 잡은 생선을 이 문을 통과하여 어시장에 판 것이 어문의 유래가 되었습니다. 어문은 하스나아 가문이 건축했는데, 재미있게도 '하스나아'의 뜻은 '가시가 많다'입니다.

우리의 삶은 가시 돋고 냄새나고 허물 많은 인생이었지만, 우리 주님은 우리의 인생을 구원해 주셨습니다. 그러므로 우리 역시 과거의 우리와 같은 인생을 살아가는 사람들을 낚는 믿음의 어부가 되어야겠습니다.

### 옛문 Old Gate
**은혜와 진리**(느 3:6, 3:16, 12:39)

옛문은 옛날 문입니다. 아마도 지금의 다메섹문이었을 것으로 추측됩니다. 재미있는 것은 이 문을 중수한 기브온 사람들은 가나안 정복 시대 때 진멸을 당해야 할 사람들이었다는 것입니다. 그런데, 그들에게 하나님의 은혜가 닿자 그들은 예루살렘 성벽을 재건하는 사람들이 되었습니다. 이들과 같이 옛문을 중수하는 많은 이들에게는 한 가지 공통점이 발견되는데, 그것은 과거의 아픔을 과감히 제거하고 하나님의 은혜를 기억했다는 것입니다.

'은혜와 진리'를 상징하는 옛문을 중수한 이들처럼 하나님의 은혜만이 진리로 남게 하십시오.

### 골짜기문 Valley Gate
**겸손**(느 2:13, 2:15, 3:13, 대하 26:9)

느헤미야 3장 13절에 등장하는 '하눈'이란 이름은 '은혜롭다'라는 뜻이고, '사노아'는 '평판이 나쁘고 혐오스럽다'는 뜻입니다. 이들은 험난하기로 소문난 힌놈 골짜기 위에 문을 세웠고, 느헤미야서에서 유일하게 건축한 성벽의 길이(450m)가 기록되었습니다. 이들은 잘 알려지지 않은 사람들이었고 소수였지만, 불평하지 않고 큰일을 해냈습니다.

이들처럼 골짜기문은 겸손을 상징합니다. 우리는 늘 자신의 골짜기문을 점검해야 합니다. 겸손의 골짜기문이 무너지면 그 문은 사탄이 들어오는 통로가 되기 때문입니다.

### 분문 Dung Gate
**회개와 정결**(느 2:13, 3:13-14, 12:31)

말기야가 건축한 분문을 NIV 성경은 'Dung Gate'라고 번역하고 있습니다. 즉 이 문은 예루살렘성 안에 있는 쓰레기들을 힌놈 골짜기로 내보내는 더러운 문이었습니다. 만약 쓰레기문이 없었다면, 예루살렘은 온갖 오물 냄새로 진동했을지 모릅니다.

이처럼 우리는 삶 속에 회개를 상징하는 분문이 있어야 정결한 삶을 유지할 수 있습니다. 회개라는 하나님이 주신 선물을 통해 온갖 냄새나는 죄의 악취를 제거해야 합니다.

### 샘문 Fountain Gate
**성령 충만-사명**(느 2:14, 3:15, 12:37, 슥 13:1, 시 51)

이 문은 느헤미야가 탄 짐승이 지나갈 곳이 없을 만큼 크게 무너져 내린 곳이었습니다. 여기가 샘문인 이유는 문밖에 실로암못이 있었기 때문입니다. 샘문은 성전에 물을 공급한다는 점에서 생명의 성령을 상징합니다.

우리 삶에서도 샘문이 온전히 건축되어야 성령 충만한 역사가 일어날 것입니다. 그리하여 어렵고 힘든 사명도 온전히 감당하게 될 것입니다.

### 수문 Water Gate
**성령 충만-말씀 충만**(느 3:26, 8:1-3, 8:16, 12:37)

샘문과 수문의 차이는 무엇일까요? 샘문은 성전에 물을 공급하는 장소, 수문은 주민들에게 식수를 공급하는 장소였습니다. 수문으로 많은 물이 들어오듯 성도들은 성령 충만을 통해 하나님 말씀을 깨닫게 됩니다. 이곳을 건축한 느디님 사람들 역시 전쟁으로 노예가 된 사람들이었지만, 이제는 더 이상 노예가 아니었습니다. 그들은 아마 '악인의 장막에 사는 것보다 내 하나님의 성전 문지기로 있는 것이 좋사오니'(시 84:10)라는 심정으로 성벽을 건축했을 것입니다.

### 마문 Horse Gate
**영적 전쟁 - 기도**(느 3:28, 렘 31:40)

마문은 말이 들어가는 문입니다. 당시에 말은 아무나 탈 수 없었습니다. 군사적, 신분적 권위가 있는 사람들만 탈 수 있었고 그에 따른 책임도 있었습니다. 바로 영적 리더들이 전쟁에서 솔선수범해야 했습니다.

그런 의미에서 가정의 가장인 남편이, 가정의 어른인 부모가, 교회의 제직과 평신도 리더들이, 교회의 영적 지도자인 목회자들이 하나님의 전신갑주로 무장하고 솔선수범해서 기도 운동을 벌여야 합니다. 마문의 의미를 통해 나의 기도가 살아 있는지 점검해 봅시다.

### 동문 East Gate
**그리스도의 재림 - 하나님의 영광**(느 3:29, 겔 43:1-5)

동문은 하나님의 영광이 임하는 곳입니다. 실제로 예루살렘 성전에 해가 뜨면 동문을 통해서 햇살이 들어옵니다. 이에 동문은 하나님의 큰 영광은 물론이거니와 그의 아들 예수 그리스도의 다시 오심을 상징합니다.

동문에 임하는 햇살처럼 우리에게 다시 오실 예수 그리스도를 바라보십시오. 서 있는 그곳에 하나님의 영광이 임할 것입니다.

**함밉갓문 Inspection Gate, Muster Gate**
**심판-열매**(느 3:31)

학자들은 대체로 함밉갓문을 군사 소집과 관련된 '검열하는 문'으로 봅니다. 판단과 판결이 있는 문이라는 것입니다. 함밉갓문은 인간의 역사가 끝나고 일어날 심판을 예표하는 문이라고 할 수 있습니다.

마지막 때 심판대에서 모든 선과 악, 충성과 불충성이 가려질 것입니다. 예수님의 구원의 은혜가 흐르는 사람과 그렇지 않은 사람은 각각 구원의 길과 심판의 길로 나누어질 것입니다. 그렇기에 우리는 하나님 앞에서 부끄럽지 않게 살아야 합니다.

## 우리가 해야 할 일

예배를 상징하는 양문부터 모든 문을 하나하나 말씀 안에서 건축하다 보면 하나님이 반드시 신원하시는 심판의 날이 올 것입니다. 이날을 위해 우리가 해야 할 일은 충성입니다.

양문을 지나며 예배를 회복하고, 어문을 중건하며 구원을 주시는 하나님을 찬양하고, 옛문을 통과하며 과거를 버려야 합니다. 골짜기문을 중건하며 눈물 골짜기 같은 세월을 지나게 하심에 감사하며 '평판이 나쁘고 혐오스러운 죄인의 삶'에서 벗어나 은혜로운 사람이 됩시다. 아울러 쓰레기문인 분문을 중건하며 하나님이 주신 회개라는 선물을 통해 온갖 냄새나는 죄의 악취를 제거하며 정결한 삶을 삽시다.

우리는 샘문도 통과해야 합니다. 왜냐하면 성령 충만함으로 사명을 감당해야 하기 때문입니다. 수문도 재건해야 합니다. 말씀의 역사가 우리 삶에 흘러넘치게 하기 위함입니다. 여기서 끝이 아닙니다. 마문을 재건하여 영적 전쟁의 한복판에서 기도를 점검해야 합니다. 그리고 동문을 통과하며 예수님의 재림을 준비하고, 함밉갓문을 중건하여 구원과 심판으로 모든 것을 갚아 주실 하나님을 찬양합시다.

우리는 팬데믹 시대를 살아 내고 있습니다. 언제 코로나가 완전히 종식될지 아무도 알 수 없습니다. 그래서 '위드 코로나'라는 말이 생겼습니다. 세상은 벌써 모든 질서를 재구성하기 시작했습니다. 이 속에서 우리는 신앙의 본질을 회복해야 합니다. 10개의 성문이 지닌 영적인 의미를 우리 삶에 적용한다면, 내 안에 무너진 신앙의 성벽이 어디인지 점검할 수 있을 것입니다. 무너져 있는 곳을 발견한다면, 바로 그곳에서 하나님을 예배하십시오.

# 하나님이
# 나를 위해 싸우신다

_느 4:1-23

"너희는 어디서든지 나팔 소리를 듣거든 그리로 모여서 우리에게로 나아오라 우리 하나님이 우리를 위하여 싸우시리라 하였느니라"(느 4:20).

하나님은 우리가 예수님을 만나 그분을 영접하고 새로운 인생을 살기 시작하는 순간, 우리에게 주목하십니다. 물론 그 이전부터 우리의 삶에 주목하고 계셨습니다. 그러나 예수 그리스도를 주로 고백하고 우리의 인생이 바뀌는 순간, 하나님은 더욱 우리의 삶에 집중하십니다. 그런데 우리의 삶을 주목하는 또 다른 존재가 있습니다. 바로 어두움의 영인 사탄입니다. 예수님을 구주로 믿게 되면 어두움의 영인 사탄과의 전쟁이 시작됩니다.

우리는 새로운 전쟁이 시작될 때 기뻐해야 합니다. 자신이 하나님의 자녀가 되었다는 확실한 증표이기 때문입니다. 동시에 우리는 하나의 사실을 반드시 기억해야 합니다. 끊임없이 계속되는 사탄의 공격과 괴롭힘 속에서도 인생의 주인이신 하나님만 철저하게 의지하면 최후의 승리는 결국 우리에게 있다는 것을 말입니다. 사랑이 풍성하신 하나님은 승리에 걸맞은 열매와 상급을 주겠다고 이미 약속해 주셨습니다. 느헤미야가 선택한 여정도 이 약속으로부터 출발합니다.

### 영적 전쟁의 민낯

느헤미야가 주목한 것은 안락한 페르시아 궁전의 풍요로움이 아니었습니다. 예루살렘으로 향하는 여정을 선택했을 때 그는 앞으로 닥칠 고난과 고난 이후의 영광을 바라보았습니다.

예루살렘 성벽 공사는 실로 엄청난 규모였고, 문제가 생기기 시작했습니다. 치밀한 계획과 기도 속에 일사천리로 진행되던 공사가 주변 경쟁국들의 시기를 받기 시작한 것입니다. 특히 느헤미야가 예루살렘에 올 때부터 이 일을 못마땅하게 여기던 사마리아성의 우두머리 산발랏이 군대를 모아 놓고 연설을 했습니다.

**조롱과 비난**

산발랏의 연설에는 이스라엘을 향한 조롱과 비난이 가득했습니다. 그 내용은 마치 우리가 신앙생활을 하면서 경험하게 되는 사탄의 비난과 비슷해 보입니다. 말씀을 보며 산발랏의 비난과 사탄의 조롱을 비교해 봅시다.

> "자기 형제들과 사마리아 군대 앞에서 일러 말하되 이 미약한 유다 사람들이 하는 일이 무엇인가, 스스로 견고하게 하려는가, 제사를 드리려는가, 하루에 일을 마치려는가 불탄 돌을 흙 무더기에서 다시 일으키려는가 하고"(느 4:2).

첫째, 인신공격입니다. 산발랏은 유대인들을 '연약하고 쓸모없는 사람들'로 상정하고 있습니다. 인신공격으로 감정을 건드리고 기선을 제압하려는 것입니다.

둘째, 자존심을 건드립니다. 산발랏은 "도대체 스스로 무슨 일을 시작할 수 있는가?"라는 말로 자존심을 건드리고 있습니다.

셋째, 신앙을 시험합니다. "예배를 드리든지, 성벽을 쌓든지 둘 중 하나만 하라"는 말속에는 '예배드리면 성벽이 쌓아지고 먹을 것이 저절로 생기냐?'라며 신앙을 시험하는 의도가 깔려 있습니다.

넷째, 역사적 실패를 건드립니다. 산발랏은 "100년이 넘도록 못 한 일을 너희들이 무슨 수로 하루 만에 이루려는가?"라며 이미 오래전에 무너져 있던 예루살렘 성벽, 즉 쓰레기 더미에서 무슨 기적이 일어나겠느냐고 비꼽니다.

사탄도 이와 같습니다. 가정사를 건드리고, 부모, 형제, 집안 내력, 성품, 재산, 심지어 아이큐나 초등학교 성적까지 들먹이며 우리의 자존감을 갉아먹습니다. 사탄은 비열하고 유치하게 공격해 옵니다. 그러나 이런 치졸한 공격에는 반대로 큰마음을 가지고 대범하게 대처하는 것이 상책입니다.

### 욱여쌈을 당함

이렇게 끊임없이 반복되는 영적 전쟁에서 꼭 기억해야 할 것이 있습니다. 우리와 대적할 때 사탄이 두려워한다는 사실입니다.

"산발랏이 우리가 성을 건축한다 함을 듣고 크게 분노하여 유다 사람들을 비웃으며"(느 4:1).

이 말씀에 주목해야 합니다. 그냥 넘어가서는 안 됩니다. 산발랏은 예루살렘 성벽이 재건되어 가는 모습을 보고 크게 분노했습니다. 유대인들이 건축을 시작하고 다시 일어나는 것을 누구보다도 두려워했기 때문입니다. 실력을 갖추면 대적은 두려워하기 마련입니다. 그래서 사탄이 우리를 두려워합니다. 사탄은 우리 안에 계신 하나님을 무서워하는 존재입니다. 그러므로 사탄의 공격에 너무 놀라지 말고 먼저 기선 제압을 하십시오. 느헤미야도 가만히 있지 않고 담대하게 바로 반격하는 모습을 보였습니다.

"우리 하나님이여 들으시옵소서 우리가 업신여김을 당하나이다 원하건대 그들이 욕하는 것을 자기들의 머리에 돌리사 노략거리가 되어 이방에 사로잡히게 하시고"(느 4:4).

산발랏은 군대를 모아 두고 이야기했지만, 느헤미야는 백성을 모아 놓고 기도했습니다. 사실 느헤미야는 백성을 모아 놓고 하나님께 일러바친 것입니다. "우리 하나님이여!"라고 하면서 모든 사람이 합심하여 기도했습니다.

이처럼 기도를 잘하는 사람은 힘든 상황이나 어려운 사람을 만났을 때 흥분하여 실수하지 않고 하나님께 무릎을 꿇습니다. 쉬운 말로, 하나님께 잘 이릅니다. 다윗과 아삽 및 시편의 저자들도 하나님께 일러바치는 기도를 종종 드렸습니다. 이어지는 느헤미야의 기도를 보십시오.

"주 앞에서 그들의 악을 덮어 두지 마시며 그들의 죄를 도말하지 마옵소서 그들이 건축하는 자 앞에서 주를 노하시게 하였음이니이다 하고"
(느 4:5).

느헤미야는 사실 그대로를 하나님께 말씀드렸습니다. "예루살렘을 건축하는 자, 곧 하나님의 일을 하는 자를 방해하는 것은 하나님을 대항하는 일이 아닙니까"라고 하나님께 부르짖었습니다.

기도를 우습게 아는 사람은 멸망하고, 기도를 최우선순위로 두는 사람은 절대로 실패하지 않습니다. 느헤미야는 절체절명의 위기 앞에서 다시 한번 하나님께 부르짖었습니다. 이런 면에서 느헤미야서는 '기도의 책'이라고도 할 수 있습니다. 전쟁의 한복판에서 기도의 진수를 맛보기 때문입니다.

다음으로 느헤미야는 백성의 흩어진 마음을 격려했습니다.

"이에 우리가 성을 건축하여 전부가 연결되고 높이가 절반에 이르렀으니 이는 백성이 마음 들여 일을 하였음이니라"(느 4:6).

한편 산발랏은 건축이 절반이나 진행되었다는 소식을 듣고 더욱 분히 여기며 주변 국가들과 연맹하여 전쟁을 일으키려고 했습니다.

"산발랏과 도비야와 아라비아 사람들과 암몬 사람들과 아스돗 사람들이 예루살렘성이 중수되어 그 허물어진 틈이 메꾸어져 간다 함을 듣고 심히 분노하여"(느 4:7).

크게 화를 잘 내는 산발랏의 심연에는 분명히 두려워하는 마음이 있습니다. 그런 그는 자기 혼자서는 할 수 없다는 것을 알고 주변 국가들과 연맹을 꾀했습니다.

그리고 그렇게 이스라엘은 사방으로 욱여쌈을 당했습니다. 이스라엘의 북쪽에는 산발랏이 지휘하는 사마리아가 있고, 동쪽에는 암몬 족속이, 남쪽에는 아라비아 족속이 그리고 서쪽에는 아스돗 족속이 버티고 있었습니다. 그나마 서쪽의 한 부분 지중해가 남았습니다. 이제 이스라엘이 바라보아야 할 곳은 사실상 하늘뿐이었습니다.

영적인 사람은 이런 일을 당할 때 오히려 당연한 일로 여기고 두려움 없이 기도하면서 다시 한번 확신해야 합니다. 내가 하나님의 자녀이고 하나님께 쓰임 받고 있다는 사실을 말입니다. 또한 하늘만 바라볼 수밖에 없는 상황을 주신 것을 가장 큰 감사로 여기는 담대함이 필요합니다. 가장 극한 상황에서는 현실을 초월하는 믿음이 필요합니다.

### 영적 전쟁의 주인

느헤미야는 이 전쟁의 소식을 듣고 긴급히 조치를 내렸습니다. 바로 기도하는 것이었습니다.

> 우리가 우리 하나님께 기도하며 그들로 말미암아 파수꾼을 두어 주야로 방비하는데"(느 4:9).

느헤미야가 백성에게 가장 먼저 내린 처방은 다름 아닌 기도였습니다. 또다시 백성에게 기도할 것을 요청했습니다. 하지만 현재 상황이 어떻습니까? 절망적입니다. 10-12절이 이를 증명합니다.

"유다 사람들은 이르기를 흙 무더기가 아직도 많거늘 짐을 나르는 자의 힘이 다 빠졌으니 우리가 성을 건축하지 못하리라 하고 우리의 원수들은 이르기를 그들이 알지 못하고 보지 못하는 사이에 우리가 그들 가운데 달려 들어가서 살륙하여 역사를 그치게 하리라 하고 그 원수들의 근처에 거주하는 유다 사람들도 그 각처에서 와서 열 번이나 우리에게 말하기를 너희가 우리에게로 와야 하리라 하기로"(느 4:10-12).

백성은 지게에다 흙을 나르느라 힘이 다 빠져서 성을 건축하지 못할 것이라며 절망했고, 공사를 하는 사이에 산발랏의 연합 군대가 와서 공격하면 속수무책으로 죽을 것이라고 두려워했으며, 예루살렘 주변에 있는 연합군의 동태가 심상치 않다고 열 번이나 보고를 받았습니다. 여기서 포기하면 성벽은 다시 무너질 것이고, 주변 종족들은 전보다 더 심하게 유대인들을 착취하고 조롱할 것입니다.

이런 상황에서 어떤 결정을 내리겠습니까? 느헤미야는 비참하게 죽느니 차라리 성벽을 쌓으며 전쟁을 하다가 명예롭게 죽는 길을 택했습니다. 사실 느헤미야는 이 싸움의 결과를 알고 있었습니다. 바로 이스라엘 백성이 하나님께 순종만 하면 결과는 보장되어 있다는 사실을 알았기 때문입니다. 그래서 느헤미야는 좌절하고 불평하는 백성을 향해 확신을 가지고 밀어붙였습니다.

"내가 성벽 뒤의 낮고 넓은 곳에 백성이 그들의 종족을 따라 칼과 창과 활을 가지고 서 있게 하고 내가 돌아본 후에 일어나서 귀족들과 민장들과 남은 백성에게 말하기를 너희는 그들을 두려워하지 말고 지극히 크시고 두려우신 주를 기억하고 너희 형제와 자녀와 아내와 집을 위하여 싸우라 하였느니라"(느 4:13-14).

느헤미야는 백성에게 우선순위를 알려 주고 있습니다. 지금 두려워해야 하는 것은 죽을 것 같은 환경이 아니라, 그 환경을 주관하시는 크신 하나님이라고 말입니다. 진정으로 하나님을 두려워하는 사람은 다른 어떤 것도 두려워하지 않게 되기 때문입니다. 그렇게 느헤미야는 예루살렘 성벽을 쌓는 것이 하나님이 주신 사명임을 그리고 가정과 자녀를 지키는 가장 빠른 길임을 백성에게 확신시켰습니다. 이렇게 확신에 찬 느헤미야의 모습을 보자 연합군이 겁을 먹기에 이르렀습니다(느 4:15).

느헤미야는 기도로 기선을 제압하고 치밀한 계획을 세운 후 강하게 밀어붙였습니다. 느헤미야 수하 사람들의 절반은 일하게 하고, 절반은 갑옷을 입히고 창과 방패로 무장시키고, 군대의 장교들은 유다 온 족속의 뒤에 있게 했습니다. 그리고 나팔수를 준비시켜 어디서든지 나팔 소리가 들리면 그 소리가 나는 곳으로 모여 싸우라고 했습니다. 그들은 어느 때든 적의 공격에 맞설 수 있도록 모두가 예루살렘성 안에서 잠을 잤고, 옷을 벗지 않았으며, 물을 뜨러 갈 때도 무장을 풀지 않았습니다(느 4:21-23).

느헤미야는 이렇게 철저하게 준비하면서도 모든 영광을 인간의 노력에 돌리지 않았습니다. 영광은 오직 하나님께만 돌렸습니다. 이런 느헤미야의 태도가 바로 하나님이 우리 삶에 개입하셔서 우리를 대신해 전쟁에서 승리하게 하시는 비결입니다. 하나님이 우리를 위해 싸우시게 하려면 모든 영광을 하나님께 올려 드리는 습관을 가져야 합니다.

## 승리하는 자의 기도

이제 느헤미야 4장을 통해 느헤미야가 하는 이야기의 핵심을 정리하며 승리하는 자의 기도를 살펴보겠습니다.

### 느헤미야의 기도

- 4절 "우리 하나님이여 들으시옵소서 우리가 업신여김을 당하나이다"
  : 하나님이 이 영적 전쟁에 개입하실 수 있도록 기도한다.
- 5절 "그들이 건축하는 자 앞에서 주를 노하시게 하였음이니이다"
  : 자신들이 하고 있는 싸움이 하나님과 관계가 있음을 고백한다.
- 9절 "우리가 우리 하나님께 기도하며 그들로 말미암아 파수꾼을 두어 주야로 방비하는데"
  : 위기 앞에 공동체가 가장 먼저 하나님께 기도할 것을 촉구한다.
- 14절 "너희는 그들을 두려워하지 말고 지극히 크시고 두려우신 주를 기억하고"
  : 우리 환경의 주인과 신앙의 주체가 누구인가를 상기시킨다.
- 15절 "우리의 대적이 우리가 그들의 의도를 눈치챘다 함을 들으니라 하나님이 그들의 꾀를 폐하셨으므로"
  : 하나님이 일하셨음을 알린다.

- 20절 "너희는 어디서든지 나팔 소리를 듣거든 그리로 모여서 우리에게로 나아오라 우리 하나님이 우리를 위하여 싸우시리라 하였느니라"
  : 더욱 확신 있게 밀어붙인다.

이렇게 느헤미야의 기도를 정리해 보니까 그가 진정 멋있는 지도자이며 하나님의 사람임을 다시 한번 확인하게 됩니다. 느헤미야의 모든 고백을 보면 그가 하나님과 동행하고 있다는 것을 알 수 있습니다. 하나님은 이처럼 하나님과 동행하는 한 사람을 통하여 사람들의 마음을 일으키십니다.

**느헤미야에게 배우는 기도**

그렇다면 느헤미야가 교훈하는 기도란 무엇일까요?

첫째, 기도는 하나님과 동행하는 것입니다. 하나님이 일하시고 나도 일하고, 내 일이 하나님의 일이고 하나님의 일이 내 일이 되게 하는 것, 이것이 바로 기도입니다. 또한 믿음은 인생에 어려운 일이 닥칠 때 하나님이 그 일에 직접 개입하심을 믿는 것입니다. 어쩌면 우리가 두려워하는 이유가 여기에 있습니다. 하나님이 나와 함께하신다는 믿음이 없을 때 마음에 두려움이 생기기 때문입니다. 하나님이 때로 침묵하실 때는 있지만, 나를 떠나신 적은 한 번도 없습니다. 내가 그것을 믿지 않을 뿐입니다.

둘째, 기도는 하나님의 뜻에 따라 움직이고 행동하는 것입니다. 따라서 기도하는 사람은 절대 게으르지 않습니다. 때로 어떤 사람은 기도하고 나서 행동하지 않고, 또 어떤 사람은 자신의 능력을 과신하며 기도하지 않습니다. 그러나 성경의 모든 뛰어난 신앙 인물은 기도와 믿음의 행동 사이에서 완벽한 균형을 이루었습니다.

느헤미야도 마찬가지입니다. 느헤미야는 백성과 함께 고생하며 성벽을 쌓으면서도 이 일이 하나님의 일임을 일깨워 주었고, 대적들의 침략을 대비하는 믿음의 행동을 하면서도 하나님이 우리를 위해 싸우실 것을 기도하며 확신했습니다. 느헤미야의 기도와 고백 속에는 늘 "하나님의 손이 도우셨다"는 은혜의 고백과 하나님을 높이는 찬양이 있었습니다. 그리고 하나님도 느헤미야를 높여 주셨습니다.

느헤미야는 '나'라는 사람과 '기도'와 '삶' 그리고 '하나님의 도우심'을 모두 하나로 생각했습니다. 이런 일체감을 가질 때 하나님이 우리 인생에 개입하십니다. 하나님은 우리가 하나님의 일을 맡아서 몸부림치는 모습에 기뻐하고 감동하십니다. 바로 여기에서부터 하나님의 역사가 일어나는 것입니다. 그러므로 그리스도인은 절대 놀고먹지 않습니다. 놀고먹는 삶은 은혜가 아닙니다. 하나님의 사람은 기도하고 힘써 일하는 사람입니다. 사명에 최선을 다하기 때문입니다.

'한 손에는 쟁기를 들고, 한 손에는 칼을 들고'라는 말의 영적 의미는 하나님께 무릎 꿇는 삶을 살면서 나에게 주어진 일에도 최선을 다하는 삶을 가리킵니다(느 4:17). 그리스도인들이 바로 그런 사람들입니다. 토요일이나 주일 등 쉬어야 하는 시간에 교회에서 예배드리고 봉사하는 삶, 이것이 쟁기와 칼을 들고 무너진 성벽을 쌓는 사람의 모습입니다.

그런데 이런 삶을 살다가도 유혹에 빠지고 힘들 때가 있습니다. 그때 우리는 기억해야 합니다. 예수님은 "손에 쟁기를 잡고 뒤를 돌아보는 자는 하나님의 나라에 합당하지 아니하니라"(눅 9:62)라고 말씀하셨습니다.

사명을 붙들었다면 뒤돌아보지 않아야 합니다. 대신 힘에 부칠 때는 필립스 브룩스(Phillips Brooks)의 말을 참조해 기도하십시오.

"자신의 능력에 맞는 일을 달라고 간구하지 말고, 주어진 사명을 감당할 수 있는 능력을 달라고 기도하라."*

우리에게 주어진 직장, 가정일도 마찬가지입니다. "어떤 일이든 하나님이 상황을 저에게 주셨다면 이를 능히 감당할 수 있는 은사와 능력과 충만함을 주시기를 원합니다"라고 기도하십시오. 왜냐하면 하나님의 은혜와 능력은 우리가 활용 가능한 자원에 제한을 받지 않기 때문입니다. 하나님은 우리의 상상을 초월하는 크신 분입니다. 그것이 바로 '하나님이 나를 위해서 싸우신다'는 말의 본질적 의미입니다. 때로는 기도해도 어려운 환경이 변화되지 않을지 모릅니다. 오히려 악화될 수도 있습니다. 그러나 하나님을 신뢰하며 최선을 다한다면 하나님이 일어나 싸워 주실 것입니다.

---

\* "Do not pray for tasks equal to your powers. Pray for powers equal to your tasks!" Phillips Brooks, *Twenty Sermons*, (New York: E. P. Dutton & company, 1886), p. 330.

느헤미야는 '나'라는 사람과 '기도'와 '삶' 그리고 '하나님의 도우심'을 하나라고 생각했다. 이런 삶의 태도를 가질 때 하나님이 우리 인생에 개입하신다.

**적용 질문**

1. 예수님을 믿고 예수님을 위해 사는 것 때문에 당하는 고난이 있습니까?
2. 기도와 함께 지금 내 손에 들어야 할 쟁기와 칼은 무엇입니까?
3. '하나님이 나를 위해 싸우신다'는 말이 나에게 어떤 위로를 줍니까?

3장

# 회복을 위한 전진

## 08

# 무너진
# 마음의 성벽을 재건하라

_느 5:1-19

●

"나보다 먼저 있었던 총독들은 백성에게서, 양식과 포도주와 또 은 사십 세겔을 그들에게서 빼앗았고 또한 그들의 종자들도 백성을 압제하였으나 나는 하나님을 경외하므로 이같이 행하지 아니하고 도리어 이 성벽 공사에 힘을 다하며 땅을 사지 아니하였고 내 모든 종자들도 모여서 일을 하였으며"(느 5:15-16).

기독교는 우리나라에 들어온 초창기부터 복음을 증거하는 일과 예수님의 사랑을 실천하며 이웃을 돌보는 일에 힘썼습니다. 당시 노비 제도나 일찍 결혼하는 조혼과 같은 악한 법을 철폐하는 데 앞장섰고, 학교를 설립해 남녀가 차별 없이 배움의 기회를 갖게 했으며, 병원을 세워 많은 어려운 사람을 도왔습니다. 또한 고아원 사역으로 수많은 아이에게 소망을 주었고, 교회학교에서는 한글 성경을 가르침으로 문맹을 퇴치하는 일에도 크게 기여했습니다.

요즘 어느 때보다 기독교의 공적 영성과 사회적 관심이 필요한 시대가 되었습니다. 재난과 경제의 위기를 겪을 때 어려운 사람들이 더욱 고통을 받기 때문입니다. 장애인, 일용직 근로자, 노숙자, 청소년 가장 등 사회의 취약 계층에 있는 사람들에게 더욱 관심을 쏟아야 합니다.

그런데 우리가 더욱 집중해서 보아야 하는 것이 있습니다. 바로 사람들의 무너져 있는 마음입니다. 경제 상황이나 환경은 좋아질 수 있지만, 한 번 무너진 마음을 회복하는 데는 육신의 회복보다 훨씬 더 많은 시간이 필요하기 때문입니다.

## 위기 속에서 무너진 마음

남유다가 멸망한 지 140여 년이 지나서 느헤미야와 백성은 다 함께 일어나 장대한 예루살렘 성벽 쌓기에 생사를 걸었습니다. 이때 성벽이 반쯤 완공되자, 예루살렘의 회복을 시기하고 두려워하는 주변의 이방 민족들이 연합해서 전쟁을 일으키려고 했습니다. 그리고 그동안 참고 오기로 버텨 왔던 남유다 백성은 불만을 토해 냈습니다. 일순간에 위기가 닥친 것입니다. 거대한 꿈을 갖고 시작한 예루살렘 성벽 공사에 백성은 서서히 지쳐 갔습니다. 느헤미야 5장은 성벽 재건의 마지막 부분에 해당하는 이야기를 기록하고 있는데, 남유다 백성의 마음이 얼마나 처참하게 무너져 있는가를 확인할 수 있습니다.

먼저, 그들은 경제적으로 궁핍했습니다. 예전이나 지금이나 국가나 민족이 어려움을 당하면 그 어려움을 피부로 느끼는 이들은 서민들입니다. 원대한 꿈을 갖고 성벽을 쌓기는 했지만, 그동안 남자들의 노동력이 바닥나 아내들의 불만이 이만저만이 아니었습니다. "하나님이 밥 먹여 주냐?" 혹은 "성벽을 쌓으면 애들이 대학 가냐?" 등 바가지 긁는 소리가 여기저기서 터져 나왔습니다. 이에 남편들은 그들의 아내와 함께 크게 부르짖었고, 같은 유대인들을 원망했습니다.

이 위기 속에서 밭과 땅을 가지고 있더라도 그것을 전당 잡히며 먹을 것을 구해야 했습니다. 자녀가 많은 가정에서는 다른 민족에게 자녀를 노예로 팔아서 먹을 것을 장만하기도 했습니다. 게다가 이 과정에서 같은 유대 형제들이 중간 노예 상인 역할을 하며 이득을 취했습니다. 가족의 생계를 위해 자녀를 팔아야 했던 부모의 심정이 어떠했겠습니까?

엎친 데 덮친 격으로 그해에는 흉년이 들었고, 페르시아 제국에 세금도 바쳐야 했습니다. 느헤미야 이전에 유대의 관리를 맡았던 페르시아 총독들은 백성을 속여 세금으로 은 40세겔을 걷고 노동력을 착취했습니다(느 5:15).

이렇듯 서민들의 삶은 비참했지만, 부자들에게는 경제적인 위기가 기회가 되었습니다. 귀족들은 계속해서 백성의 피고름을 빨아먹으면서도 그들의 아픔을 돌아보지 않았습니다. 하나님의 위대한 성벽 재건은 이처럼 참담한 현실 속에서 진행되었습니다. 이런 위기 속에서 느헤미야는 어떻게 무너진 사람들의 마음을 회복시키고 하나로 모았을까요?

## 무너진 마음 회복을 위한 솔루션

느헤미야와 백성의 대화를 통해 무너진 마음을 회복하는 네 가지 방법을 살펴보겠습니다.

### 하나님 말씀에 찔림을 받아라

느헤미야는 백성의 실상을 더 깊이 알고 크게 분노했습니다. 느헤미야는 오늘 시점까지 남유다 백성의 상태가 그 정도일 줄은 몰랐던 것 같습니다. 그는 백성의 실태를 알게 된 후 일어난 분노를 가라앉히고 깊이 생각했습니다(느 5:6-7). 구체적으로 '기도했다'라고 기록되어 있지는 않지만, 이제까지 느헤미야의 행동을 보면 그는 깊은 고민과 함께 이 문제를 하나님 앞으로 가져간 것이 분명합니다.

느헤미야는 먼저 귀족들과 리더들을 모아 놓고, 그들이 가난한 백성에게 돈을 꾸어 주고 큰 이자를 받는 것을 꾸짖었습니다. 그리고 나서 다시 한번 큰 집회를 열어 모든 사람을 모으고 왜 이 일이 불의한가에 대하여 연설을 했습니다.

"그들에게 이르기를 우리는 이방인의 손에 팔린 우리 형제 유다 사람들을 우리의 힘을 다하여 도로 찾았거늘 너희는 너희 형제를 팔고자 하느냐 더구나 우리의 손에 팔리게 하겠느냐 하매 그들이 잠잠하여 말이 없기로"(느 5:8).

이 말씀을 현대어로 쉽게 풀이하면 이렇습니다.

"여러분, 나는 유대인이긴 하지만, 페르시아에서 태어난 2세로서 이곳에 와서 돈을 주고 이방인에게 노예로 팔린 사람들을 구해 내기도 했는데, 어찌 당신들은 같은 민족, 같은 마을에 사는 사람들로서 그런 참담한 일을 합니까?"

이 말을 시작으로 느헤미야는 유대인 리더들에게 더욱 질타를 가했습니다.

"여러분의 행동은 우리가 믿는 하나님 앞에서도 악한 것입니다. 그리고 우리가 우리 민족을 팔아먹는 이 행위가 이방인들이 보기에 얼마나 웃기는 비난거리가 되겠습니까?"

그리고 느헤미야는 꾸짖는 데서 끝나지 않고 대안을 제시했습니다. 이자 받는 일을 멈추라고 말했습니다. 경제적인 원리에서 보면 이자는 정당한 것일 수 있습니다. 그러나 느헤미야는 이자를 받지 말고 돈을 꾸어 주고, 그들이 착취한 모든 것에서 100분의 1을 돌려주라고 했습니다. 100분의 1이 적은 양처럼 보이지만, 그 정도만 있어도 백성이 살아갈 수 있었던 것입니다.

그 지역 리더들이 젊은 느헤미야의 꾸짖는 말을 듣고 대항할 법도 한데, 이상하게도 그대로 이행했습니다. 자신들의 잘못을 인정했던 것입니다. 느헤미야가 성벽 재건을 완수할 수 있었던 이유는 바로 여기에 있습니다. 귀족들과 리더들이 기도하고 이야기하는 느헤미야의 말을 하나님의 말씀으로 받아들였습니다. 그 말씀은 출애굽기에서 하나님이 자신들에게 주신 말씀이었기 때문입니다(출 22:25).

하나님은 이처럼 느헤미야를 통해서 남유다 백성에게 꼭 들어야 할 말씀을 주셨습니다. 그 말씀의 찔림을 통하여 영적으로 무너진 부분들을 찾아내고, 그 부분을 도려내어 치료하고자 하신 것입니다.

"찔림은 곧 은혜입니다."

이 말은 종교개혁가 마르틴 루터(Martin Luther)의 표현으로, 찔림과 함께 은혜를 주시는 하나님의 섭리를 설명해 줍니다. 하나님은 적나라한 현실을 깨닫게 하시고 그것을 해결할 수 있는 근본적인 대안을 제시해 주십니다. 그러므로 무너진 마음의 성벽을 재건하려면 가장 먼저 하나님의 말씀을 대면하여 찔림을 받아야 합니다.

코로나 팬데믹 상황은 많은 사람에게 절망을 안겨 주었습니다. 그래서인지 사람들이 위로가 되는 말씀을 위주로 찾아본다는 통계를 자주 접할 수 있었습니다. 마음만 먹으면 편리하게 본인이 원하는 말씀을 찾아서 듣고 읽을 수 있는 시대가 되었습니다. 그러나 이것은 영적인 불균형을 초래할 수 있습니다.

말씀에는 '내가 듣고 싶은 말씀'과 '내가 꼭 들어야 할 말씀'이 있습니다. 이 사이에는 영적 안목과 균형이 필요합니다. 내가 듣고 싶은 말씀과 내가 꼭 들어야 할 말씀이 무엇인지는 하나님이 판단하십니다. 왜냐하면 내 상황을 하나님이 더 잘 아시기 때문입니다. 또한 내가 들어야 할 말씀을 듣고 회개하지 않으면 결코 영적으로 성장하지 않습니다. 그러므로 하나님이 들려주고자 하시는 말씀을 듣고 회개해야 합니다.

### 하나님 말씀으로 회개하라

놀랍게도 느헤미야의 설교 같은 연설을 듣고 있던 남유다의 리더들은 자신들의 잘못을 뉘우쳤습니다.

> "그들이 말하기를 우리가 당신의 말씀대로 행하여 돌려보내고 그들에게서 아무것도 요구하지 아니하리이다 하기로 내가 제사장들을 불러 그들에게 그 말대로 행하겠다고 맹세하게 하고 내가 옷자락을 털며 이르기를 이 말대로 행하지 아니하는 자는 모두 하나님이 또한 이와 같이 그 집과 산업에서 털어 버리실지니 그는 곧 이렇게 털려서 빈손이 될지로다 하매 회중이 다 아멘 하고 여호와를 찬송하고 백성이 그 말한 대로 행하였느니라"(느 5:12-13).

남유다의 귀족들과 리더들은 자신들의 잘못을 시인했을 뿐만 아니라 잘못된 것을 바로잡기 위해서 제사장들을 불러 하나님께 맹세까지 했습니다. 그러자 그 자리에 모인 백성이 다 같이 "아멘"을 외치고 하나님을 경배하고 찬양하기 시작했습니다. 백성 간에 마음이 풀어지고 자연스럽게 예배가 시작된 것입니다.

이처럼 하나님의 말씀에 반응하며 한 회개는 사탄의 어두움을 물리칩니다. 하나님이 그 마음에 새로운 소망을 주시기 때문입니다. 참다운 회개는 하나님의 마음을 기쁘시게 합니다. 그래서 참다운 회개는 무너진 사람의 마음을 다시 일으키는 힘이 있습니다. 그러므로 무너진 마음의 성벽을 재건하려면 찔림 받은 말씀을 근거로 회개해야 합니다.

### 하나님 말씀을 존중하며 행하라

온 백성이 모인 대집회에서 말씀의 찔림으로 인한 회개가 일어난 후에 그들은 하나님을 찬송했습니다. 그리고 귀족들과 리더들은 하나님이 주신 말씀대로 행했습니다(느 5:13).

회개는 먼저 마음을 돌이켜서 치유함을 받고, 자신의 고백대로 살아가기 위해 힘쓰는 것입니다. 물론, 우리가 고백하고 결심한 대로 완벽하게 해낼 수 없다는 것을 하나님이 아십니다. 하나님은 마음의 중심을 보시는 것입니다. 회개는 우리 마음의 치유를 가져오지만, 그 회개의 내용을 행하는 것은 우리의 삶을 능력 있게 합니다. 이스라엘 백성도 자신들 스스로 느헤미야의 요구를 적용했습니다.

백성이 느헤미야의 연설에 순종할 수 있었던 이유는 말씀으로 인한 찔림과 동시에 느헤미야의 모범을 보았기 때문입니다. 느헤미야는 예루살렘에 머무는 12년간 유대 총독으로 있으면서 유대로부터 월급을 받지 않겠다고 작정했습니다. 물론 그는 월급을 받지 않아도 부유할 만큼 이미 하나님의 풍성한 축복을 받은 사람이었습니다. 그런 그가 하나님의 백성을 위해 자신이 취할 수 있는 것들을 포기한 것입니다. 페르시아에서 예루살렘으로 온 것 자체도 그렇습니다.

느헤미야는 자기 이전의 모든 총독이 백성에게 많은 부담을 주어 양식과 포도주 외에도 은을 받았고, 총독들의 부하들도 백성을 괴롭혔다는 사실을 알고 있었습니다. 그러나 느헤미야는 오히려 성을 재건하는 데 온 에너지를 쏟았고, 한 치의 땅도 사 놓지 않았으며, 함께 있는 모든 사람이 성벽을 재건하는 데 힘쓰도록 도왔습니다.

느헤미야는 유다의 총독으로, 그의 곁에는 주변의 방문객들 외에도 매일 고정 식사를 하는 유다의 리더들 150명이 있었습니다. 그래서 매일 소 한 마리와 살진 양 여섯 마리와 많은 닭을 준비해야 했습니다. 그럼에도 느헤미야는 그 외에 당연히 받아야 할 양식을 요구하지 않았습니다. 백성에게 부담이 너무 크다는 것을 알고 있었기 때문입니다. 느헤미야는 이처럼 페르시아에서 받는 급료와 그간 하나님이 주신 축복으로 모든 것을 감당하고, 유다 백성에게 녹을 요구하지 않았습니다(느 5:14).

"나보다 먼저 있었던 총독들은 백성에게서, 양식과 포도주와 또 은 사십 세겔을 그들에게서 빼앗았고 또한 그들의 종자들도 백성을 압제하였으나 나는 하나님을 경외하므로 이같이 행하지 아니하고"(느 5:15).

느헤미야가 이렇게 행한 까닭은 '하나님을 경외하기' 때문이었습니다.

하나님을 정말로 사랑하고 두려워하기 때문에 양식과 포도주 등을 요구할 수 있었지만 그렇게 하지 않았습니다. 정직하고 바른 삶의 모든 핵심은 하나님을 경외하는 것입니다. 하나님의 말씀에 찔림을 받으니까 은혜가 임하는 것이고, 은혜를 받으니 회개하여 마음이 고침을 받는 것이고, 마음의 문제가 해결되니 삶의 행동에 변화가 오는 것입니다.

　찌르는 말씀은 곧 자신의 무너지고 썩어진 마음을 치료하시는 하나님의 사랑입니다. 이 사랑을 알 때 하나님을 신뢰하고 존중하는 마음으로 그분의 말씀대로 살고자 몸부림치게 됩니다. 그런 몸부림의 결과가 "나는 하나님을 경외하므로 이같이 행하지 아니하고"라는 고백으로 이어질 것입니다.

**다시 한번 하나님의 은혜를 구하라**

　무엇인가 선한 일을 행한 후에도 하나님께 구할 것은 무엇일까요? 그것은 바로 '은혜'입니다. 어떤 선한 일을 하거나 섬기는 일을 하고 잘된 일이 있으면 하나님의 은혜를 잊게 됩니다. 그래서 우리는 신앙생활을 하면서 끊임없이 하나님의 은혜를 간구해야 합니다. 이렇게 은혜를 간구하는 것이 하나님의 살아 계심을 인정하는 삶의 태도입니다. 우리는 이렇게 기도해야 합니다.

"하나님, 저에게 말씀의 은혜를 주셔서 찔림을 받아 회개하고 다시 일어나게 해 주셔서 감사합니다. 그런데 그런 은혜가 다시 필요합니다."

이러한 태도와 기도가 느헤미야 5장에도 등장합니다.

"내 하나님이여 내가 이 백성을 위하여 행한 모든 일을 기억하사 내게 은혜를 베푸시옵소서"(느 5:19).

여기에서 '내가 이 백성을 위하여 행한 모든 일'은 무엇을 의미할까요? 이 기도를 쉽게 풀어 보면 이렇습니다.

"하나님, 제가 페르시아의 궁전에 있을 때 예루살렘의 참담한 상황을 듣게 해 주시고, 제 마음에 찔림을 주셔서 예루살렘을 향하여 부르짖게 하시며, 저의 안일함을 회개하고 제가 하나님의 사람으로서 하나님의 백성의 무너진 마음을 다시 일으킬 수 있도록 해 주셔서 감사합니다. 하나님, 그 모든 것을 기억하시고 저에게 다시 한번 그런 은혜를 베풀어 주시겠습니까?"

느헤미야는 위기 상황에서 기도했습니다. 고갈된 마음에 다시 한번 은혜를 베풀어 달라고 간구했습니다. 부족하지만 하나님께 나아가면서, 몸부림치면서 자신이 행한 모든 일을 기억하여 은혜를 베풀어 달라고 간구했습니다. 그런데 느헤미야의 이 기도는 자신을 위한 기도가 아니었습니다. 공동체를 위해 구한 은혜였습니다. 이런 느헤미야에게 하나님이 어떻게 은혜를 안 주시겠습니까.

무너진 마음의 성벽을 재건하는 방법은 하나님의 말씀에 찔림을 받아 회개하고 돌이키는 것이다. 이를 적용하여 영적 성숙을 이루기 위해서는 하나님의 은혜를 구해야 한다.

#### 적용 질문

1. 요즘 마음에 찔림이 있는 성경 구절은 무엇이며, 그 이유는 무엇입니까?
2. 하나님을 사랑하는 마음을 어떻게 표현하며 살고 있습니까?
3. 누군가를 돕는 선한 삶을 위해 어떤 은혜를 구하고 있습니까?

**09**

# 하나님이여,
# 이제 내 손을 강하게 하소서

_느 6:1-19

●

"또 네가 선지자를 세워 예루살렘에서 너를 들어 선전하기를 유다에 왕이 있다 하게 하였으니 지금 이 말이 왕에게 들릴지라 그런즉 너는 이제 오라 함께 의논하자 하였기로 내가 사람을 보내어 그에게 이르기를 네가 말한 바 이런 일은 없는 일이요 네 마음에서 지어낸 것이라 하였나니 이는 그들이 다 우리를 두렵게 하고자 하여 말하기를 그들의 손이 피곤하여 역사를 중지하고 이루지 못하리라 함이라 이제 내 손을 힘 있게 하옵소서 하였노라"(느 6:7-9).

숱한 어려움과 절망 속에서도 예루살렘 성벽 공사가 거의 완성되어 갔습니다. 성문만 빼고 성벽의 허물어진 부분들을 남김없이 완성했습니다. 그런데 내부의 어려움을 이겨 나가던 느헤미야에게 새로운 도전이 시작되었습니다.

바로 외부 적들과의 본격적인 신경전입니다. 공사가 잘 진행되어 거의 막바지에 이르렀다는 소식을 들은 대적들이 가만히 있지 않았습니다. 성벽이 완공되면 자신들의 상황이 나빠질 것이 뻔했기 때문입니다. 악의 세력은 하나님의 자녀들이 잘되는 것을 너무 싫어합니다. 성벽 완공 소식을 들은 대적자들과 주변의 모든 나라는 두려워하며 절망감에 휩싸였고(느 6:16), 느헤미야를 암살할 계획을 세웠습니다.

## 사람을 무너뜨리는 사탄의 전략

이스라엘 육군은 세계에서 용맹하기로 유명합니다. 대중동 연합군과

싸워서 몇 차례 승리를 거둔 바 있고, 단 6일 만에 항복을 받아 낸 적도 있습니다. 이스라엘 육군이 강한 이유는 장교들이 최전방 선봉에서 전투를 지휘하기 때문입니다. 리더가 앞장서서 싸우니까 따르는 부하들도 앞다투어 용맹스럽게 전투에 참여합니다.

리더는 무리를 인도하는 사람입니다. 그래서 사탄은 영적 공동체의 리더를 쓰러뜨리기 위해 모든 수단과 방법을 동원합니다. 사탄은 이스라엘의 성벽 재건을 물거품으로 만들기 위한 마지막 필살기로 지도자인 느헤미야를 집중 공격하는 전술로 전환했습니다.

## 각종 루머

이스라엘의 성벽 재건을 정말 죽기보다 더 싫어하는 주변 나라의 지도자들, 즉 산발랏과 도비야, 게셈 등이 느헤미야에게 중간 지대인 오노에서 만나자고 사신을 통해 편지를 보냈습니다. 그런데 중간 지대라는 오노 평야는 사실 예루살렘에서 북서쪽으로 35km나 떨어진 변방으로, 쉽게 병력을 끌고 갈 수 있는 곳이 아니었습니다. 더군다나 오노 평야는 산발랏과 도비야 쪽에서 더 가까웠습니다. 게다가 예루살렘 병력이 움직이면 남쪽에서도 치고 들어올 수 있는 요지였습니다.

느헤미야는 즉각적으로 눈치채고 복병이나 매복을 통해 자신을 죽이려는 음모임을 깨달았습니다. 이에 그는 정중히 만남을 거절했습니다. 그러나 대적들은 계속 같은 수법으로 네 번이나 사신을 보내 그럴듯한 평화 협상을 하자고 제안했습니다. 사탄은 정말 집요합니다. 치사하리만큼 우리의 약점을 교묘히 이용합니다. 수단과 방법을 가리지 않고 나의 최대 약점을 잡고 괴롭힙니다.

눈치 빠른 느헤미야로 인해 네 번이나 협상이 이루어지지 않자, 산발랏은 다섯 번째로 또 사신을 통해 편지를 보냈습니다. 그런데 어처구니없게도 이번에는 편지의 봉투가 열려 있었습니다. 당시는 사신을 통해 주고받는 편지는 아무도 보지 못하게 철저히 밀봉하는 문화였는데 말입니다. 다른 측근들이 전달하는 과정에서 그 내용을 엿보고 말을 퍼뜨릴 수 있도록 일부러 밀봉하지 않았던 것입니다.

서신의 내용은 이러했습니다. "느헤미야가 예루살렘 성벽을 건축하는 이유는 페르시아 왕을 반역하기 위함이며 자신이 스스로 예루살렘의 왕이 되기 위해서다. 그리고 느헤미야가 이런 반란의 음모를 사람들에게 은밀히 유포하기 위해 선지자들을 매수하고 스스로가 유대의 왕임을 선포하고 있다." 그러면서 산발랏은 협상을 제시했습니다. 이제 이 소문이 페르시아 왕에게도 보고되는 것은 시간문제이니 자신들과 만나서 문제를 함께 해결하자고 그럴듯하게 유인했습니다.

누구나 밑도 끝도 없는 악성 루머에 휘말리면 정말 죽고 싶은 심정일 것입니다. 지금 시대에서 사람을 루머에 빠뜨리는 채널은 인터넷입니다. 가상공간에서 수많은 사람의 마음이 쓰러지고 있습니다. 연예인이 자살 충동을 느끼는 이유 중 하나는 악성 댓글이라고 합니다. 정말 말 한마디가 사람을 살리기도 하고, 죽이기도 합니다.

그런데 느헤미야는 거짓 루머와 집요한 적의 심리적인 공략에 이렇게 대처했습니다.

> "내가 사람을 보내어 그에게 이르기를 네가 말한 바 이런 일은 없는 일이요 네 마음에서 지어낸 것이라 하였나니"(느 6:8).

그리스도인은 세상을 향해 단호하게 "아니다"라고 해야 할 때가 있는데, 느헤미야에게는 지금이 그때였습니다. 악한 소문은 사탄이 내지만, 선한 소문은 하나님이 내십니다. 기도하면 하나님이 해결해 주시리라는 근본적인 믿음이 있습니까? 살면서 때로 억울한 일, 무고한 일을 당할 수 있습니다. 그때마다 모든 환경을 주관하고 계시는 하나님께 기도하여 도움을 구하십시오. 그 사건에 진실하다면 하나님이 그 소문들을 잠재워 주실 뿐만 아니라 상황을 역전시켜 주실 것입니다.

느헤미야는 이런 일들이 왜 일어나는지 이미 알고 있었던 것 같습니다. 그래서 그는 다음과 같이 대처했습니다.

"이는 그들이 다 우리를 두렵게 하고자 하여 말하기를 그들의 손이 피곤하여 역사를 중지하고 이루지 못하리라 함이라 이제 내 손을 힘 있게 하옵소서 하였노라"(느 6:9).

하나님의 선한 일을 하다가 포기하면 사탄만 앉아서 박수를 칩니다. 사탄의 목표는 하나님의 사람들을 무너뜨리는 것입니다. 가정을 파괴하고 하나님의 공동체를 파괴하는 것입니다. 그러므로 선한 일을 끝까지 완수하기 위해 눈물겨운 사투를 계속해야 합니다. 성벽을 잘 쌓고 있는 느헤미야에게 사탄은 전면전을 피하고 총칼 없는 전쟁을 시도했습니다. 그의 마음을 어지럽히고 괴롭게 하여 분하고 갈라지게 했습니다. 이로써 느헤미야의 마음을 무너뜨리고 두렵게 하고자 한 것입니다.

하지만 느헤미야는 무너지지 않고 "하나님이여, 이제 내 손을 힘 있게 하옵소서"라고 기도했습니다. 능력을 달라고, 힘을 달라고 기도했습니다. 이 짧은 기도의 핵심이 무엇입니까? 느헤미야가 자신에게 있는 행정력, 조직력, 권력보다 하나님을 더 의지했다는 것입니다. 이런 온전한 의지는 한순간에 할 수 있는 일이 아닙니다.

느헤미야서는 기도의 책입니다. 이제까지 느헤미야의 모든 행보에서 찾을 수 있는 그의 특징은 위기 상황을 겪을 때마다 하나님께 무릎을 꿇는 모습입니다. 그에게는 사람들에게 불평하기 이전에 먼저 하나님께 무릎 꿇는 습관이 있었습니다. 그 어떤 권력에 의지하기보다 하나님께 무릎을 꿇는 습관이 있었기에 온전히 하나님께 의지할 수 있었습니다.

**내부 첩자**

그런데 하나님의 능력을 간구하는 느헤미야에게 또 다른 예상하지 못한 문제가 닥쳤습니다. 당시 유다에 상당한 영향력이 있고 이름이 나 있는 스마야라는 선지자가 있었습니다. 그런데 이 선지자가 도무지 집 밖으로 나오지 않는 것입니다. 느헤미야는 그런 스마야를 심방도 할 겸, 직면하고 있는 어려움에 자문도 구할 겸 그의 집으로 갔습니다(느 6:10).

그런데 스마야가 느헤미야에게 이렇게 말했습니다. "지금 산발랏과 도비야가 당신을 죽이려고 특공대를 조직해서 올 것입니다. 그러니 우리가 안전한 성전으로 들어가서 외소에 거하고 문을 닫아 버립시다. 그곳은 성전이니까 하나님이 보호하실 것입니다." 그럴듯한 이야기입니다. 그런데 느헤미야를 걱정하는 듯한 스마야 선지자의 말에는 엄청난 함정이 도사리고 있었습니다.

성전의 외소는 성전 뜰을 가리키는데, 제사장들만 들어갈 수 있는 곳이었습니다. 느헤미야는 목숨을 구하겠다고 하나님의 법도를 어길 수 없었습니다. 만약에 스마야의 말대로 외소에 들어갔다가는 하나님께 죄를 지었다는 오명을 쓰게 되고, 이스라엘의 민심이 흔들리게 될 것입니다. 이에 느헤미야는 스마야 선지자와 싸우지 않고 이렇게 대답했습니다.

"그래서 나는 그에게 이렇게 대답하였다. '총독인 내가 어떻게 달아날 수 있으며 나 같은 사람이 목숨을 구하겠다고 어떻게 성소에 들어가 숨을 수 있겠소? 나는 그렇게 하지 않겠소'"(느 6:11, 현대인의성경).

이와 같은 느헤미야의 반론에 담긴 의미를 두 가지로 살펴보겠습니다.

첫째, "나 같은 사람이 어떻게 달아날 수 있으며", 즉 "나 같은 사람이 어떻게 도망합니까?"라는 대답에 담긴 의미는 무엇일까요?

하나님이 페르시아에서 예루살렘까지 나를 인도하셨고, 사람들의 마음에 은혜를 주셔서 함께 모여서 성벽을 거의 다 재건하고 있는데 내가 어찌 하나님이 주신 사명을 뒤로하고 도망할 수 있겠냐는 뜻입니다. 다시 말해 "지금 내가 할 일은 유다 총독으로서 무너진 성벽을 쌓는 일입니다"라고 자기 뜻을 천명한 것입니다. 분명한 목적의식, 즉 무엇을 위해, 무엇 때문에 인생을 살고 있는가에 대한 확고한 믿음이 현재의 어려움을 이기게 합니다.

둘째, "나 같은 몸이면 누가 외소에 들어가서 생명을 보존하겠느냐?", 즉 "나 같은 사람이 어떻게 성전의 뜰에 들어갑니까?"라는 대답에 담긴 의미는 무엇일까요?

여기에는 여러 가지 의미가 들어 있습니다. 느헤미야는 모든 권력을 가지고 있는 유대 최고 권력자였습니다. 하지만 하나님의 은혜를 경험한 그는 하나님 앞에서 더없이 작은 자였습니다. 신앙생활을 할수록 죄인 됨의 고백은 더 커지기 마련이기 때문입니다. 이런 느헤미야는 스마야의 마음을 간파하고 내가 아무리 유대 총독이지만 거룩한 성전의 뜰에 들어갈 신분은 아니라는 겸손으로 사탄의 모략에 대적했습니다. 느헤미야는 자신이 설 자리, 말해야 할 자리를 구분하는 사람이었습니다.

## 하나님 앞에서의 겸손

위기에 처했을 때 이러한 태도는 매우 중요합니다. 감정으로 판단해서 일을 그르치는 경우가 너무 많기 때문입니다. 그러나 느헤미야는 사탄의 장난에 넘어가지 않았습니다. 사탄의 음모에 느헤미야가 대항했던 최고의 전략은 하나님 앞에서의 겸손이었습니다.

"깨달은즉 그는 하나님께서 보내신 바가 아니라 도비야와 산발랏에게 뇌물을 받고 내게 이런 예언을 함이라"(느 6:12).

놀랍게도 스마야의 전모가 드러났습니다. 도비야와 산발랏이 이스라엘의 이름난 선지자까지 매수한 것입니다. 계속해서 말씀을 보면 알 수 있듯이, 또 다른 영향력 있는 여자 선지자인 노아댜와 다른 선지자들까지 선동해서 느헤미야를 쓰러뜨리려고 했습니다.

느헤미야의 대적 중 하나인 도비야는 반은 유대인이었습니다. 그는 유대의 영향력 있는 자와 정략혼인을 했고, 자기 아들도 유대인의 귀족과 결혼시켜서 세력을 키웠습니다(느 6:18). 이에 유대 땅에 도비야와 내통하고 그를 따르는 사람들이 많았습니다. 도비야는 그런 유대의 귀족들을 선동해서 느헤미야의 사명을 무너뜨리려는 음모를 꾸몄던 것입니다. 이로써 온갖 불평불만과 루머를 통해 느헤미야를 공포에 떨게 할 작전이 완수되어 가고 있었습니다. 이는 후에 느헤미야가 이 일을 회고하며 쓴 글을 보면 알 수 있습니다.

"그들이 뇌물을 준 까닭은 나를 두렵게 하고 이렇게 함으로 범죄하게 하고 악한 말을 지어 나를 비방하려 함이었느니라"(느 6:13).

'두렵게 한다'는 말은 6장에서 네 번 등장하는데, 그중에 세 번(느 6:9, 13, 14)은 느헤미야를 두렵게 한다는 의미로 쓰였습니다. 하지만 느헤미야는 두려움을 기도로 역전시켰습니다.

"내 하나님이여 도비야와 산발랏과 여선지 노아댜와 그 남은 선지자들 곧 나를 두렵게 하고자 한 자들의 소행을 기억하옵소서"(느 6:14).

느헤미야는 두려울 때 사람들을 찾아가지 않았습니다. 대신 "하나님, 그들의 소행을 기억하여 주옵소서. 하나님이 선악을 분별하여 주시고 판단하여 주옵소서" 하고 하나님께 일러바쳤습니다. 그리고 마침내 그 기도가 이루어졌습니다.

"성벽 역사가 오십이 일 만인 엘룰월 이십오일에 끝나매"(느 6:15).

모든 두려움과 협박, 음모를 극복하고 마침내 대역사가 이루어졌습니다. 그리고 마지막 네 번째 두려움은 그 두려움을 만들고자 한 대상에게로 돌아갔습니다.

"우리의 모든 대적과 주위에 있는 이방 족속들이 이를 듣고 다 두려워하여 크게 낙담하였으니 그들이 우리 하나님께서 이 역사를 이루신 것을 앎이니라"(느 6:16).

느헤미야를 겨냥했던 두려움의 화살이 그 화살을 쏜 대적자들에게 돌아갔습니다. 영적인 생활은 부메랑과 같습니다. 선한 일에 눈물로 씨를 뿌리면 반드시 돌아오게 되어 있습니다. 또한 악한 일은 악한 일로 돌아오기 마련입니다. 이런 영적 부메랑을 믿는 것이 창조주이자 심판자, 구원자이신 하나님을 믿는 가장 기초적인 신앙입니다. 무고한 사람들에게 내뱉고 저주한 말, 혹은 악한 행동은 결국 자신에게 다 돌아옵니다. 살아 계신 하나님이 판단하시기 때문입니다.

느헤미야는 참 외로운 지도자 같습니다. 사방이 적으로 둘러싸여 있었기 때문입니다. 안에서는 불평과 불만이 쌓여 가고, 밖으로는 우는 사자처럼 대적들이 쳐들어왔습니다. 게다가 영적으로 힘을 보태야 할 선지자들과 물질적인 도움을 주어야 할 귀족들도 돈으로 매수되어 있었습니다.

우리가 처한 상황은 어떻습니까? 혹시 사방이 깜깜한 것 같고 주변의 모든 사람이 다 적인 듯한 상황에 있습니까? 혹은 혼자서 깊은 터널을 걷고 있는 것 같습니까? 이럴 때 다음과 같은 질문을 마음에 던져 보기 바랍니다. '내가 정말 잘되기를 원하는 사람은 누구인가? 나를 위해 기도해 주는 사람은 누구인가?' 이 물음에 떠오르는 사람이 분명 있을 것입니다. 그런데 사실 나의 영혼이 가장 잘되기를 원하는 최고의 분은 나의 구원자 하나님이십니다. 하나님만이 진정 내가 범사에 잘되고 형통하고 승리하기를 원하십니다. 이 사실을 잊지 말아야 합니다.

우리는 누구나 인생을 살면서 눈에 보이지 않는 영적인 예루살렘 성벽을 쌓고 있습니다. 무너진 개인의 성벽과 가정의 성벽을 쌓을 때 시시때때로 외로움과 좌절과 두려움이 닥칩니다. 그럴 때 이 말씀을 기억하십시오.

"이는 그들이 다 우리를 두렵게 하고자 하여 말하기를 그들의 손이 피곤하여 역사를 중지하고 이루지 못하리라 함이라 이제 내 손을 힘 있게 하옵소서 하였노라"(느 6:9).

NIV 성경은 이 말씀의 하반절을 "But I prayed, 'Now strengthen my hands'"라고 번역하고 있습니다. "하나님이여, 이제 내 손을 강하게 하옵소서 하였노라"라는 의미입니다.

어려운 일, 아주 당혹스러운 일을 당할 때 손이 떨려 본 적이 있나요? 마음에 두려움과 근심이 가득 찰 때 팔다리에 힘이 빠지는 경험을 하곤 합니다. 더 이상 걸을 수도, 물건을 들어 올릴 힘도 없을 때가 있습니다. 느헤미야의 상황이 그러했습니다. 그래서 그는 하나님이 맡기신 사명을 완수할 수 있게 손을 강하게 해 달라고 기도한 것입니다. 이렇게 기도할 때 불가능해 보이는 일이 가능해지는 역사의 한 장면을 기록할 수 있습니다.

사탄은 하나님의 사람이 사명을 완수하고자 할 때 반드시 방해한다. 이때 세상의 힘이나 사람의 지혜를 의지하지 않고 하나님께 기도하며 나아가면, 하나님이 우리의 두려움을 승리로 역전시켜 주신다.

**적용 질문**

1. 마음의 두려움과 근심으로 인해 힘이 빠지는 경험을 한 적이 있습니까?
2. 살리는 말과 어려움을 주는 말 중 어떤 말을 더 자주 합니까?
3. 약할 때 강함을 주시는 하나님의 은혜를 전하고 싶은 사람이 있습니까?

# 10

# 하나님의 감동으로
# 다시 세우는 가문

_느 7:1-38

"내 하나님이 내 마음을 감동하사 귀족들과 민장들과 백성을 모아 그 계보대로 등록하게 하시므로 내가 처음으로 돌아온 자의 계보를 얻었는데 거기에 기록된 것을 보면 옛적에 바벨론 왕 느부갓네살에게 사로잡혀 갔던 자들 중에서 놓임을 받고 예루살렘과 유다에 돌아와 각기 자기들의 성읍에 이른 자들 곧 스룹바벨과 예수아와 느헤미야와 아사랴와 라아먀와 나하마니와 모르드개와 빌산과 미스베렛과 비그왜와 느훔과 바아나와 함께 나온 이스라엘 백성의 명수가 이러하니라"(느 7:5-7).

제2차 세계대전을 전후로 비슷한 기적을 경험한 나라들이 있습니다. 그중 한 나라는 우리나라입니다. 우리나라는 1950년에 6·25전쟁을 치르고 폐허가 된 땅에서 현재 세계 10대 경제 대국이 되었습니다. 또한 제2차 세계대전의 전범이면서 패전 국가인 독일도 그 잿더미에서 다시 세계를 놀라게 한 라인강의 기적을 이루어 냈습니다.

조국이라는 것 자체가 없었던 유대 민족은 1900년 동안 나라 없는 설움에 종지부를 찍고, 1948년 100개가 넘는 생활 공동체인 키부츠를 중심으로 사막뿐인 팔레스타인 땅에 이스라엘을 다시 건국했습니다. 세 나라의 공통점은 아무런 소망이 없다고 하는 폐허 위에서 민족과 나라를 다시 일으켰다는 것입니다.

그런 의미에서 느헤미야서는 아무런 소망이 없는 폐허가 된 도시 예루살렘에 일어난 하나님의 기적을 보여 주는 역사책입니다. 다 무너진 성벽을 쌓는 데 단 52일이 걸렸을 뿐입니다. 그러나 이러한 기적을 이룩했음에도 불구하고 새로운 문제가 이들 앞을 가로막고 있었습니다.

### 성안에 머물 자

그 문제는 바로 '예루살렘 성벽 안에 누가 들어가 사는가'였습니다. 당시에는 성벽을 잘 쌓아 놓으면 자연히 그 안에 도시가 형성되었습니다. 잘 쌓아 놓은 성벽이 있는 도시일수록 사람들은 안전감을 느끼며 성안으로 몰려들었습니다. 성벽 주변에서 농사를 짓고 사는 사람들도 주변의 적국이 침략하면 다 성안으로 피신했습니다. 이처럼 당시 성벽은 도시를 형성하고, 경제와 상권이 이루어지며, 사람들에게 안전감과 평화를 주는 장소이기도 했습니다.

그런데 지금 예루살렘은 정반대 상황에 놓여 있습니다. 성벽이 완성되었지만, 그 안에 들어가서 사는 것은 또 다른 문제였기 때문입니다. 군사력이 약한 옛 예루살렘 거민들에게는 엄두가 나지 않는 일이었습니다. 성이 완성되었다는 것은 이제 적군의 목표물이 된다는 의미이고, 그 성안에 거한다는 것은 그런 위험을 감수해야 한다는 뜻이었습니다.

느헤미야는 이 문제를 가지고 씨름해야 했습니다. 성벽을 재건했지만, 그 성은 모든 사람이 살고 싶어 하지 않는 곳이었기 때문입니다. 본래 성안에 사는 인구와 성 밖에 사는 인구가 비율적으로 비슷해야 하는데, 당시 예루살렘 성벽 안에 사는 인구는 단 1,000명도 되지 않았을 것으로 추정됩니다. 왜냐하면 4백 년이 지난 후 예수님이 오셨을 당시 예루살렘 도시의 인구가 고작 10만 명을 넘어섰기 때문입니다. 이 인구로는 성을 지키기에 역부족이었습니다.

이에 느헤미야는 하나님께 다시 한번 기도합니다. 눈에 보이는 성벽을 재건하긴 했지만, 이제 그 성안을 사명을 받은 사람들로 채워야 했기 때문입니다. 그리고 이 기도를 드리는 느헤미야에게 하나님이 다가오셨습니다.

"내 하나님이 내 마음을 감동하사"(느 7:5).

이 말씀을 원어의 의미로 직역하면, '하나님이 나에게 결심을 굳히도록 고무시키셨다'라는 뜻이 됩니다. 즉 '하나님이 느헤미야의 마음을 감동하게 하셨다'는 의미는 느헤미야가 예루살렘성 안에 들어갈 사람들에 대해서 고민하고 근심할 때 하나님이 느헤미야의 마음속에 하나님의 지혜를 주시고, 그 일을 완수할 힘과 용기를 주셨다는 것입니다. 이렇듯 하나님은 우리가 그분의 은혜를 가장 필요로 하는 시간에 성령님을 보내 주셔서 우리를 감동케 하십니다. 고민하고 지혜를 간구하는 느헤미야도 하나님의 영에 감동되었고 이에 하나님이 주신 지혜로 예루살렘 주변 인구조사를 착수했습니다.

애초에 계획은 예루살렘 근처에 거하는 5만 명 정도의 회중과 노비 중에서 10분의 1을 예루살렘성 안에 머물게 하는 것이었습니다. 그렇다면 느헤미야는 과연 어떻게 그들을 성안에 머물게 했을까요?

## God will make a way

놀랍게도 느헤미야는 단순히 사람들을 성안에서 살게 하는 데 그치지 않았습니다. 무너져 내린 그들의 가정을 살려 내는 데까지 나아갔습니다다. 느헤미야 7장 말씀은 인구조사부터 깨어진 가정을 다시 일으키기까지 엄청난 하나님의 감동과 은혜가 가득 차 있습니다.

### 폐허의 가문을 감동의 가문으로

믿음의 사람들은 아무것도 없는 곳에서 하나님의 비전과 소망을 바라봅니다. 그들은 또한 아무것도 없는 허허벌판에서 하나님의 마음을 봅니다. 믿음의 사람들은 멀리 있지 않습니다. 그들은 바로 우리 곁에서 믿음의 유산을 물려주었습니다.

아무 소망이 없는 가문에 시집와서 혼자 교회 다니다가 예수님 믿는다고 시어머니에게 머리털 다 뽑히고 집에서 쫓겨나면서도 결국에 시아버지부터 시동생들까지 예수님을 믿게 한 이들이 우리 신앙의 선배인 어머님들입니다. 이뿐입니까? 자세한 사정도 모른 채 중매로 결혼해서 알코올중독자에 가정폭력을 행사하는 남편을 붙들고 "하나님이 당신을 사랑하십니다!"라고 외쳤던 분들이 오늘의 한국교회를 일으켰습니다.

예수님을 믿는다는 이유로 매일 군대에서 상관들에게 두들겨 맞던 청년들이 중대 전체를 변화시켰습니다. 이런 믿음의 사람들의 수고와 헌신이 황무지 같은 복음의 불모지에서 장미를 피우는 역사를 썼습니다. 이들은 모두 하나님의 영에 감동된 사람들이었습니다. 우리는 이것을 성경적인 용어로 '성령 충만'이라고 합니다.

느헤미야 7장 5절은 성령 충만을 '내 하나님이 내 마음을 감동하사'라고 표현하고 있습니다. 이렇게 느헤미야의 마음을 감동시키셨던 하나님은 느헤미야가 성벽을 쌓기 약 100년 전에는 페르시아의 왕 고레스의 마음을 움직이셨습니다.

"바사 왕 고레스 원년에 여호와께서 예레미야의 입을 통하여 하신 말씀을 이루게 하시려고 바사 왕 고레스의 마음을 감동시키시매 그가 온 나라에 공포도 하고 조서도 내려 이르되 바사 왕 고레스는 말하노니 하늘의 하나님 여호와께서 세상 모든 나라를 내게 주셨고 나에게 명령하사 유다 예루살렘에 성전을 건축하라 하셨나니 이스라엘의 하나님은 참 신이시라 너희 중에 그의 백성 된 자는 다 유다 예루살렘으로 올라가서 이스라엘의 하나님 여호와의 성전을 건축하라 그는 예루살렘에 계신 하나님이시라"(스 1:1-3).

1절에서 '감동시키시매'라고 정확히 같은 단어를 사용하고 있습니다. 하나님은 선과 악을 다스리시고 모든 사람을 주관하시는 분입니다. 고레스가 정말 하나님을 사랑하고 복음에 관하여 알았던 사람이라고는 생각하지 않습니다. 그러나 왕을 세우기도 하시고 폐하기도 하시는 하나님이 그분이 정하신 역사의 순간이 다가오자 고레스의 마음을 감동시켜 말하게 하신 것입니다.

이 에스라서의 말씀은 주전 537년에 일어났던 일입니다. 남유다가 멸망한 지 약 50년이 지난 후 페르시아의 왕 고레스가 조서를 내려서 당시 스룹바벨의 지도 아래 약 5만 명의 이스라엘 포로가 귀환하는, 꿈에도 상상하지 못했던 일이 벌어진 것입니다. 그러나 하나님은 이미 예레미야 선지자를 통해 70년 후면 바벨론에 포로로 잡혀간 유다 백성이 돌아올 것이라고 예언하셨습니다. 남유다 백성이 하나님의 약속을 붙들고 사는 것은 이만큼 중요한 일이었습니다. 아마도 포로로 잡혀간 사람들 중 이 약속의 말씀을 붙들고 산 사람들만 마음에 감동이 되었을 것입니다.

그리고 하나님은 다시 느헤미야의 마음을 감동시키셔서 100년 전에 바벨론 땅에서 귀환하여 성전을 건축한 선조들의 이름을 기록하게 하셨습니다. 그들이 바로 7장 7절부터 등장합니다. 특별히 5-6절은 그 과정을 다음과 같이 설명하고 있습니다.

"내 하나님이 내 마음을 감동하사 귀족들과 민장들과 백성을 모아 그 계보대로 등록하게 하시므로 내가 처음으로 돌아온 자의 계보를 얻었는데 거기에 기록된 것을 보면 옛적에 바벨론 왕 느부갓네살에게 사로잡혀 갔던 자들 중에서 놓임을 받고 예루살렘과 유다에 돌아와 각기 자기들의 성읍에 이른 자들 곧"(느 7:5-6).

느헤미야는 100년 전에 스룹바벨과 함께 돌아온 사람들의 계보를 얻었음을 밝힌 후 그 이름들을 열거했습니다. 사실 느헤미야가 감당한 예루살렘 성벽 건축에 비하면 스룹바벨이 한 성전 건축은 수월한 일이었습니다. 그러나 하나님은 이처럼 이미 오래된 일인 1세대들의 헌신을 절대 잊지 않으십니다. 스룹바벨을 지도자로 위시한 12명의 1세대 지도자들은 모두 유다와 베냐민 지파였습니다.

"스룹바벨과 예수아와 느헤미야와 아사랴와 라아먀와 나하마니와 모르드개와 빌산과 미스베렛과 비그왜와 느훔과 바아나와 함께 나온 이스라엘 백성의 명수가 이러하니라"(느 7:7).

여기에 등장하는 느헤미야는 느헤미야서를 기록한 이가 아니고 동명이인입니다. 7절 이하부터 기록된 귀환한 인물들은 비록 포로로 시작한 타향살이지만 이제 정착해 안정을 찾아가고 있었을 것입니다. 그러나 그들은 점차 편안해지는 바벨론에서의 생활을 버리고 용기 있게 귀국했습니다. 그들이 귀환했을 때는 예루살렘이 멸망한 지 50년이 지난 주전 537년으로, 그 땅은 아무것도 남지 않은 폐허 그 자체였습니다. 그러나 그들은 이 황폐한 땅에 한 줄기 소망을 가지고 다시 돌아왔습니다. 어떻게 그럴 수 있었을까요?

돌아온 5만 명은 분명히 포로로 잡혀간 지 70년이 지나면 돌아오게 하겠다는 하나님의 약속을 붙들고 살았을 것입니다. 타인의 눈에는 끝난 것 같고, 다시는 일어설 수 없을 듯한, 소망이라곤 없는 황무지 같을지라도 하나님의 약속의 말씀을 통해 감동이 된 사람은 인생의 밑바닥에서도 하나님의 꿈을 볼 수 있습니다. 비록 지금 우리 가정이 폐허 위에 선 가문일지라도 믿음의 눈으로 감동의 가문을 만들어 가기 바랍니다.

**상처의 가문을 믿음의 가문으로**

7장 8-24절에는 가문에 따른 사람들에 대한 소개가 이어집니다. 총 17개 가문, 1만 6,722명이 거론됩니다. 성경에서 이스라엘 백성을 기록할 때는 대부분 12지파를 기준으로 삼습니다. 그러나 7장에서는 돌아온 백성 대부분이 유다와 베냐민 지파이기 때문에 이 원칙을 따랐는지는 알 수 없습니다. 중요한 사실은 폐허가 된 상태에서 가문을 일으키는 데 필요한 것이 과거의 재산이나 이름이 아니라 현재의 믿음이라는 것입니다.

사실 지금 스룹바벨과 에스라를 통해 성전이 건축되고 느헤미야를 통해 성벽이 건축되어서 자존심이 살아난 것이지, 이스라엘 백성의 내면은 상처로 가득했습니다. 이스라엘 민족은 나라가 멸망하고, 조국이 없어지고, 가족과 친척이 포로로 잡혀가는 장면을 본 상처로 가득했습니다.

우리나라도 일제 치하와 6·25전쟁으로 겪었던 아픔과 상처가 여전하지 않습니까. 그런데 한때 중동을 다스리며 하나님의 선택을 받은 민족으로 엄청난 자부심과 기쁨을 누렸던 이스라엘 백성이 뿔뿔이 흩어져 12지파 중에서 유다와 베냐민 지파만 그 땅으로 돌아왔으니 마음이 오죽했겠습니까. 또한 그들은 하나님의 도성이 불타고 가족들이 잡혀가고 죽는 모습을 보았기에 하나님을 원망했을 것입니다.

인간의 상처와 고통의 문제는 사실 다 원죄의 문제입니다. 우리가 죄인으로 태어났기 때문에 경험하는 것입니다. 설령 원죄를 떠난 문제 속에서도 하나님은 우리의 현실에서 분명히 경고하고 말씀하시며, 사인을 보내십니다. 그러나 이스라엘은 그것을 수없이 무시했습니다. 그 결과, 예루살렘은 점령당하고 폐허가 되었습니다.

7장 9절에 기록된 인물 '스바댜'의 이름 뜻은 '여호와께서 심판하셨다'입니다. 당시 상황을 잘 반영한 이름이라고 할 수 있습니다. 그 시대가 얼마나 어려웠으면 자녀의 이름을 스바댜라고 지었을까요. 그 부모 세대가 현실을 직시한 것입니다. 그 가문은 372명이나 데리고 고국으로 돌아왔습니다. 10절의 '아라' 이름 뜻은 '여행자, 떠돌이'입니다. 그런데 그도 652명이나 데리고 돌아왔습니다. 11절의 '바핫모압'은 모압의 통치자가 되어 2,818명이나 거느렸습니다. 비록 히브리인이요, 유대인이지만 모압의 통치자가 된 것입니다.

12절의 '엘람'은 '높은 지대'를, 13절의 '삿두'는 '사랑스럽다'를 의미합니다. 계속해서 14절의 '삭개'는 '여호와께서 기억하셨다', 15절의 '빈누

이'는 '건축하다'라는 뜻을 가졌습니다. 16절의 '브배'는 '아버지같이 자비롭다'라는 뜻입니다. 가만히 보니, 이름의 뜻이 점점 긍정적으로 바뀌어 가고 있습니다. 조금 더 살펴봅시다. 17절의 '아스갓'은 '하나님은 강하시다', 18절의 '아도니감'은 '주께서 높이셨다', 20절의 '아딘'은 '여호와께서 영화롭게 하신다'는 의미이고, 22절의 '하숨'은 '부유하다', 24절의 '하립'은 '열매 맺는 계절, 가을'이란 뜻입니다.

이처럼 그들은 포로로 잡혀갔지만, 그곳에 머무시는 하나님의 은혜를 체험하고 있었습니다. '하나님이 우리 민족을 저주하셨다. 우리 가문을 저주하셨다. 우리의 죄로 말미암아 우리가 황폐하게 되었다'라는 그들의 현실 직시가 바벨론 강가에서, 페르시아 한복판에서 여전히 예루살렘에서 함께하셨던 하나님의 임재와 사랑을 다시 한번 경험하면서 바뀌고 있었던 것입니다. 그렇게 희망으로 변화된 그들의 현실 직시로 가문의 이름이 바뀌고, 자녀들의 이름에 소망이 묻어난 것을 확인할 수 있습니다. 하나님의 감동으로 상처에서 해방되고, 아픔에서 치유되는 역사를 체험하며 믿음의 가정들이 되어 갔던 것입니다.

이런 사건이 예루살렘이 아니라, 포로로 잡혀갔던 바벨론과 페르시아 땅에서 일어났습니다. 혹시 과거 우리 가정과 가문에 상처가 있다면, 하나님의 감동으로 말미암아 상처 난 가문이 믿음의 가문으로 탈바꿈되기를 바랍니다.

**저주의 가문을 영광의 가문으로**

7장 25-38절은 본적지별로 조사한 내용입니다. 즉 이스라엘 백성이 본래 살았던 이스라엘 마을과 성읍에 따라서 분류한 것입니다. 총 21개

마을에 8,684명이 돌아왔습니다.

그런데 25절부터 나오는 성읍들은 대부분 베냐민 지파에 속한 지명들입니다. 구약성경에서 야곱의 12지파 중 베냐민 지파는 가장 작고 힘이 약한 지파였습니다. 그런데 사사기 20장을 보면, 베냐민 지파에 속한 기브아 족속이 돌이킬 수 없는 실수를 하게 됩니다. 성경 역사상 잔인한 장면 하나를 남기게 됩니다. 바로 큰형 격인 레위 사람의 첩을 강간한 것입니다. 이 사건으로 힘이 센 레위 지파와 나머지 이스라엘 40만 명이 일어나 베냐민 지파를 쳤는데, 그때 베냐민 지파는 거의 멸족을 당했습니다.

그러고도 분이 풀리지 않은 이스라엘은 미스바에 모여서 회의를 열어 베냐민 족속에게 그들의 딸들을 주지 않기로 결의했습니다. 한마디로 왕따를 시킨 것입니다. 지파 전체의 남자들이 전쟁터에서 거의 다 죽고, 남은 남자들에게는 다른 지파에서 여자들을 주지 않으니 당연히 베냐민 지파는 약해질 수밖에 없었습니다. 그것은 베냐민 지파에 대한 저주였습니다. 베냐민 지파는 그 일을 평생 부끄러워하고 치욕으로 여겼음이 당연합니다. 그러나 하나님은 그런 가문에도 은혜를 남겨 두셨습니다.

사사기 21장에는 베냐민 지파의 회복이 암시되어 있는데, 이스라엘의 초대 왕 사울이 베냐민 족속이었습니다. 또한 하나님의 가장 위대한 사도인 바울도 베냐민 지파였습니다. 더불어 다윗의 친구인 요나단도 베냐민 지파였습니다. 그렇게 연약하고 저주받고 상처받아 가장 미약한 지파였던 베냐민 지파가 하나님과 의리를 지키고자 예루살렘으로 돌아온 것입니다. 다른 10개 족속은 제대로 돌아오지 않았지만 멸절당했던 베냐민 지파가 돌아왔습니다. 가난하고 상처 많고 연약하니까 별로 아쉬울 것도, 버릴 것도 없어서였을까요? 그들은 바벨론의 풍요한 삶과 페르시아의 찬란한 문명을 버리고 폐허가 된 자신의 고향으로 돌아왔습니다.

혹시라도 내가 속한 가문의 역사에 살인이 있나요? 근친상간의 역사가 있나요? 이혼이 있나요? 질병의 고통이 있나요? 관계의 단절이 있거나 흙수저인가요? 어떤 말 못 할 아픔과 상처가 있더라도 하나님을 만나면 반드시 해결받을 수 있습니다. 하나님이 감동을 주시면 예수님을 믿지 않을 것 같은 배우자도, 부모도, 자녀들도 주님 앞으로 돌아올 것입니다. 하나님이 감동을 주시면 온갖 중독과 우울증으로 망가진 마음이 치료되고 회복될 것입니다.

예수님의 족보도 이 사실을 증명하고 있습니다. 예수님의 족보에는 기생 라합이 들어 있습니다. 다윗처럼 간통을 한 사람도 들어 있습니다. 유대인들이 천민 취급하는 이방 여인 룻도 기록되어 있고, 부끄러운 근친상간을 한 유다와 다말도 들어 있습니다. 이 족보의 주체인 유다 지파도 베냐민 지파처럼 예루살렘 성벽을 쌓기 위해 고국으로 돌아왔습니다. 죄인이기 때문에 돌아온 것입니다.

이처럼 누구든 은혜를 깨달으면 돌아옵니다. 이것은 죄를 정당화하라는 의미가 아닙니다. 예수님이 왜 십자가에서 돌아가셨는지를 깨달으라는 뜻입니다. 예수님은 나의 그런 죄 때문에 나 대신 돌아가셨습니다. 이 사실에 대한 감격이 있는 사람은 인생을 다시 살 수 있습니다. 새롭게 시작할 수 있기 때문입니다. 이런 인생을 사는 사람이 바로 하나님의 영에 감동된 사람입니다.

느헤미야의 아버지는 그의 아버지로부터 저주받은 이름을 갖고 태어났습니다. '하가랴'는 '하나님이 저주하신다, 하나님이 방해하신다, 하나님이 어둡게 하신다'라는 뜻입니다. 그러나 하가랴는 하나님의 은혜를 깨닫고 그의 두 아들을 믿음으로 키웠습니다. 즉 '하나님이 위로하신다' 라는 뜻의 느헤미야를, '여호와는 자비하시다'라는 뜻의 하나니를 잘 양육했습니다. 이처럼 느헤미야의 아버지는 자신의 이름은 비록 저주를 받은 이름이지만, 그 상처와 아픔을 자신의 대에서 끊어 버렸습니다. 그리고 자기 자녀들을 하나님께 올려 드렸습니다. 하나님의 감동으로 가문을 다시 일으킨 것입니다.

  이 모든 일을 하는 사람이야말로 하나님의 감동으로 제2의 인생을 사는 사람입니다. 이런 일은 국가 정책이, 정치인이, 시스템이 하지 못합니다. 오직 복음만이 무너진 가정을 다시 일으키고, 그것을 체험한 그리스도인들이 어려운 사람들을 도울 수 있고, 그들의 마음을 절망에서 소망으로 일으킬 수 있습니다.

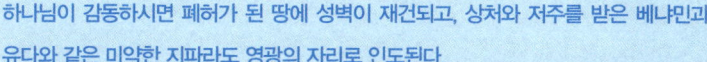

하나님이 감동하시면 폐허가 된 땅에 성벽이 재건되고, 상처와 저주를 받은 베냐민과 유다와 같은 미약한 지파라도 영광의 자리로 인도된다.

**적용 질문**

1. 내가 속한 가정과 일터, 교회를 생각할 때 어떤 자부심을 느낍니까?
2. 아직 회복되지 못한 가정의 상처는 무엇입니까?
3. 나의 가문을 믿음의 가문으로 세우기 위해 꼭 해야 할 일은 무엇입니까?

# Part 2.
# 회복을 누리는 공동체

4장

# 회복의 문을 여는 말씀과 회개

# 11

# 회복으로 가는
# 가장 빠른 길

_느 8:1-10

"에스라가 모든 백성 위에 서서 그들 목전에 책을 펴니 책을 펼 때에 모든 백성이 일어서니라 에스라가 위대하신 하나님 여호와를 송축하매 모든 백성이 손을 들고 아멘 아멘 하고 응답하고 몸을 굽혀 얼굴을 땅에 대고 여호와께 경배하니라"(느 8:5-6).

회복! 이 시대 누구에게나 필요한 단어입니다. 우리가 치열한 경쟁 사회 한복판에서 살며 상처를 많이 받고 있다는 의미이기도 합니다. 그런데 누구나 회복을 원하지만, 모두가 회복되는 것은 아닙니다. 진정한 회복을 경험하기 위해서는 한 가지 전제되어야 하는 것이 있습니다. 바로 '간절함'입니다.

코로나 팬데믹 상황에서 많은 사람이 다양한 어려움을 겪으며, 일상의 회복을 간절히 바랐습니다. 특별히 그리스도인들은 예배의 회복을 애타게 기다렸습니다. 성도 간의 교제도 간절했습니다. 얼굴을 맞대고 드리는 예배가 그리웠습니다. 2년여 동안 비대면으로 예배를 드렸기 때문입니다.

우리나라는 과거에도 이처럼 전 민족적인 어려움을 경험한 바 있습니다. 일제 치하 35년이 그것입니다. 당시 우리 민족은 해방을 간절히 열망했습니다. 그러나 역사가들의 전술에 의하면, 시간이 흐를수록 해방에 대한 소망을 포기하는 사람들이 늘어났다고 합니다. 시간이 지날수록 회복이 어렵게 느껴졌기 때문입니다.

남유다는 주전 586년에 바벨론의 침공을 받아 멸망당했습니다. 그 후 50년이 지난 주전 537년에 스룹바벨의 지도 아래 약 5만 명의 유대인들이 고향 예루살렘으로 귀환했습니다. 그때 그들은 무려 22년이나 걸려서 가까스로 예루살렘 성전을 재건했습니다(주전 515년). 성벽 재건보다 훨씬 수월한 성전 재건이었지만 22년이나 걸렸습니다. 주변 국가들의 방해가 있었기 때문입니다. 그 후 또 다시 78년이 지난 주전 458년에 에스라의 지도 아래 약 6-7천 명이 2차로 귀환했습니다.

　이스라엘의 역사는 여기서 끝나지 않습니다. 14년이 지난 주전 444년, 느헤미야가 페르시아의 고위급 관리직을 내려놓고 성벽을 재건하기 위해 예루살렘에 도착했기 때문입니다. 이때부터 이스라엘은 다시 수많은 난관과 방해, 어려움을 겪게 되었습니다. 그러나 그들은 52일 만에 예루살렘 성벽 재건을 완성했습니다.

　이렇게 남유다 멸망에서부터 예루살렘성이 무너지고 느헤미야가 성벽을 재건하기까지 무려 142년이란 시간이 걸렸습니다. 35년 동안 외세의 통치를 받았던 우리나라도 민족성의 혼란을 겪은 바 있습니다. 그러니 140여 년의 세월을 보내면서 이스라엘 백성의 민족성은 얼마나 희미해졌을까요?

　비록 성벽 재건을 통해 예루살렘 도시를 회복하고 국가 재건을 위한 초석을 놓기는 했지만, 문제는 이스라엘 백성의 정체성 회복이었습니다. 긴 시간 나라 없이 떠돌아다녀서 하나님의 백성으로서의 정체성이 희미해진 지 오래였습니다. 그들 안에서 "우리는 누구인가?"라는 질문이 계속되었습니다.

　이에 예루살렘 성벽 공사는 벽돌을 쌓아 올린 공사 그 이상을 의미한다고 할 수 있습니다. 눈물 한 방울, 피 한 방울의 간절함이 모여 하나님 나라 백성으로서의 신앙을 회복하고자 했던 영적 공사라고 할 수 있습니다. 무엇보다 140여 년간 무너져 있던 이스라엘 백성의 마음을 다시 세워 줄 신앙의 부흥이 필요했습니다. 무너지고 상처받고 지쳐 있는 마음에 하나님의 백성이라는 정체성이 회복되는 시간이 필요했던 것입니다.

그렇다면 깊이 경험한 무너짐에서 회복으로 가는 가장 빠른 길은 무엇일까요? 느헤미야 8장 말씀을 통해 하나님이 가르쳐 주시는 '회복으로 가는 가장 빠른 길'이 무엇인지 자세히 고찰해 보겠습니다.

### 영적 갈급함

성경 말씀을 상고해 보면, 다소 낯선 장면을 발견할 수 있습니다.

"이스라엘 자손이 자기들의 성읍에 거주하였더니 일곱째 달에 이르러 모든 백성이 일제히 수문 앞 광장에 모여 학사 에스라에게 여호와께서 이스라엘에게 명령하신 모세의 율법책을 가져오기를 청하매"(느 8:1).

이스라엘 백성은 자발적으로 수문 앞 광장에 모였습니다. 교회에서 기획하고 "부흥회를 합시다", "금식합시다", "작정 기도를 드립시다"라고 해서 모인 것이 아니라는 뜻입니다. 무너진 삶에 회복이 필요하다는 사실을 가장 뼈저리게 느끼고 있었던 이들은 이스라엘 백성 자신들이었습니다.

이제 좀 쉴 만도 한데 그들은 서로 약속이나 한 듯 7월 1일 나팔절을 기해 일제히 수문 앞 광장에 모였습니다. 이제까지 성벽 재건은 느헤미야가 주도했지만, 이 일은 느헤미야로부터 시작되지 않았습니다. 자발적인 모임이었습니다. 성벽 공사가 단 52일 만에 끝난 것은 자신들의 힘 때문이 아니라, 오직 하나님의 은혜라는 사실을 깨달은 것입니다.

이날 백성들은 학사 겸 제사장인 에스라에게 모세의 율법책을 가져올 것을 당부했습니다. 이제까지 느헤미야가 백성을 이끌었는데 이 시점에 에스라가 등장하다니, 느헤미야의 입장에서 조금 섭섭할 수 있습니다. 그러나 에스라는 느헤미야의 동역자였습니다. 느헤미야는 행정가이고, 에스라는 제사장으로 서로 역할이 달랐습니다. 에스라는 2차 포로 귀환을 주도한 제사장으로서 주전 458년, 즉 느헤미야보다 14년 먼저 페르시아의 아닥사스다왕의 재가를 받고 약 6천 명을 데리고 예루살렘으로 왔으며, 아론의 16대손이었습니다. 에스라는 또한 학사였습니다. 학사란 하나님의 말씀을 연구하고 가르치는 사람을 뜻하는데, 이런 에스라에게 사람들이 말씀 듣기를 요청한 것입니다.

백성들은 에스라에게 하나님의 말씀인 모세오경을 읽어 달라고 간청했습니다. 구약성경 전체에서 백성들이 스스로 말씀을 사모하여 가르쳐 달라고 간구한 내용은 여기밖에 없을 것입니다. 그만큼 백성들의 마음은 처절하고 갈급했습니다.

이 사건을 통해 하나님의 백성은 북이스라엘과 남유다가 멸망한 이래 참으로 수백 년 만에 부흥이란 것을 맛보게 됩니다. 이 사건의 핵심은 오랜 패배의 세월 속에서 살았던 백성들의 영적 갈급함으로 부흥이 시작되었다는 것입니다.

### 진리를 사모함

이스라엘 백성의 영적 갈급함은 다음 단계로 넘어갑니다. 그것은 바로 '진리에 대한 사모함'입니다. 삶이 곤고하기에 마음이 갈급해지고, 그 갈급함은 진리를 알고 싶은 열망으로 확장됩니다.

"일곱째 달 초하루에 제사장 에스라가 율법책을 가지고 회중 앞 곧 남자나 여자나 알아들을 만한 모든 사람 앞에 이르러"(느 8:2).

7월 1일, 즉 나팔절에 수문 앞 광장에는 말씀을 알아들을 만한 모든 사람이 모여들었습니다. 학자들의 추정으로는 3만 명에서 많게는 5만 명이 모여들었다고 합니다. 말씀에 대한 갈급함이 이들을 자발적으로 수문 앞 광장에 모이게 했습니다. 이처럼 말씀을 듣고 감동하는 일에는 남녀노소 차별이 없습니다. 느헤미야와 에스라처럼 역할에는 구분이 있을 수 있지만, 감동에는 차별이 없습니다. 내가 마음을 열지 않을 뿐입니다.

"수문 앞 광장에서 새벽부터 정오까지 남자나 여자나 알아들을 만한 모든 사람 앞에서 읽으매 뭇 백성이 그 율법책에 귀를 기울였는데"(느 8:3).

그들은 사모하는 심령으로 그 자리에서 새벽부터 여섯 시간이나 말씀을 들었습니다. 그만큼 진리를 사모했던 것입니다. 모든 백성은 말씀이 낭독될 때 귀를 기울였습니다. 우리의 무너진 마음, 무너진 가정, 무너진 공동체를 회복하는 길은 진리이신 하나님의 말씀으로 돌아가는 것뿐입니다. 하나님의 사랑으로 돌아가는 길밖에 없습니다. 그러므로 무슨 모임을 하든지 하나님의 말씀을 보아야 합니다. 또한 어느 모임이든지 무너졌다고 판단이 될 때는 말씀으로 돌아가야 합니다.

하나님의 백성이라면 반드시 말씀에 대한 사모함이 살아 있을 것입니다. 아무리 서로 교제를 많이 해도 그 중심에 하나님의 말씀이 있지 않다면 함께 보낸 시간은 모두 허송세월입니다. 특히 주일 예배와 수요 예배, 새벽기도회 때 공동체에 주시는 하나님 말씀을 사모해야 합니다. 함께 들은 같은 말씀으로 서로를 위로하며 자신을 돌아볼 때, 하나님 나라의 놀라운 회복과 치유가 일어날 것입니다.

## 하나 됨의 능력을 경험함

성벽을 짓기 전 이스라엘 백성은 서로를 불신하고 있었습니다. 이 불신은 팽배해졌고, 결국 그들은 포로로 잡혀간 것보다 훨씬 더 심한 상황을 맞이했습니다. 귀족들은 가난한 자들을 더욱 착취하고 같은 동족끼리 고리대금으로 이자를 받았으며, 영적으로 바로 서야 할 선지자와 제사장들은 타락했습니다. 사분오열되어 있었습니다. 그러나 깊은 실패 속에 영적인 갈급함을 갖게 되고 말씀을 사모하면서 이 모든 관계가 회복되기 시작했습니다. 이것은 우리도 경험하는 것 중 하나입니다.

"그때에 학사 에스라가 특별히 지은 나무 강단에 서고 그의 곁 오른쪽에 선 자는 맛디댜와 스마와 아나야와 우리야와 힐기야와 마아세야요 그의

> 왼쪽에 선 자는 브다야와 미사엘과 말기야와 하숨과 하스밧다나와 스가랴와 므술람이라 에스라가 모든 백성 위에 서서 그들 목전에 책을 펴니 책을 펼 때에 모든 백성이 일어서니라"(느 8:4-5).

백성들은 느헤미야가 아닌 에스라에게 말씀을 부탁했습니다. 느헤미야가 속상했을 수 있지만, 그는 자신의 위치를 알았습니다. 여기에서 말씀을 전하는 자에 대한 존경심을 엿볼 수 있습니다. 인간적인 훌륭함 이전에 하나님의 말씀을 대언하는 영적 지도자를 존중하는 느헤미야의 모습을 볼 수 있습니다. 말씀을 전하는 자를 사랑할 때 은혜가 배가됩니다. 물론 맹목적인 사랑을 말하는 것은 아닙니다. 부족함이 보이면 기도하고, 연약함이 보이면 격려하는 사랑입니다. 바울은 가르치는 자와 모든 좋은 것을 함께 나누라고 조언했습니다(갈 6:6). 동시에 말씀을 가르치고 전하는 자에게는 영혼에 대한 뜨거운 사랑이 있어야 합니다. 그 영혼을 향한 책임감을 가져야 합니다.

8장의 사건에서 말씀을 전하는 에스라, 동역하는 느헤미야 그리고 따르는 모든 회중이 말씀 안에서 하나가 되어 가고 있었습니다. 뿐만 아니라 에스라의 오른쪽에 6명, 왼쪽에 7명, 총 14명이 함께 동역했습니다. 이들은 에스라의 말씀 강론을 녹음기처럼 전할 동역자들이었습니다.

에스라가 율법책을 펼 때 백성이 하나 되어 함께 일어났습니다. 우리도 말씀을 낭독할 때 다 함께 일어나지 않습니까. 하나님의 말씀에 대한 최대의 존경과 예의의 표시로 일어나 말씀을 읽는 것입니다. 이것은 말씀을 전하는 자, 동역하는 자 그리고 말씀을 받는 자 모두가 함께하는 너무나 아름다운 모습입니다. 이러한 아름다운 동역이 있을 때 하나님 나라 공동체가 치유되고 회복되는 역사가 일어납니다.

말씀에 은혜를 받을 때 하나님과의 관계가 회복되면서 사람들과의 관계도 회복되는 경험을 누려야 합니다. 성령의 역사는 하나 되게 하는 역사이기 때문입니다. 성벽 재건에 그쳐서는 안 되고, 성벽을 재건한 사람들 간의 관계가 회복되어야 합니다.

## 말씀을 누리며 기뻐함

에스라의 강론은 새벽 6시부터 정오까지 무려 6시간이나 이어졌습니다. 말씀을 갈망하는 수만 명의 백성과 말씀을 전하는 에스라 사이에 엄청난 영적 교감이 일어난 것입니다. 누구 하나 자리를 떠났다는 기록이 없습니다.

에스라는 특별히 지은 높은 나무 단상 위에 올라갔습니다. 그리고 그 좌우편에는 13명의 레위인이 수종을 들고 있었습니다. 드디어 에스라가 두루마리로 된 모세오경을 펴 들었습니다. 그때 모든 백성이 일제히 일어났습니다(느 8:5). 일어났다는 것은 하나님의 말씀에 대한 존경심을 드러낸 것이라고 할 수 있습니다.

곧이어 에스라가 위대하신 여호와를 송축하자 모든 백성이 일제히 손을 들고 "아멘 아멘" 하며 응답했습니다(느 8:6). 설교 시간에 하나님의 말씀에 반응하여 "아멘" 하는 것은 내 성품, 내 인격, 내 삶을 떠나서 "하나님의 말씀이 옳습니다" 하면서 화답하는 것입니다. 이처럼 '아멘'은 설교 시간의 어떤 전유물이 아니라 성경적인 것입니다. 모든 백성이 하나님의 말씀에 일제히 "아멘"으로 응답하는 광경은 그야말로 파도 소리가 퍼지는 듯한 엄청난 장관이었을 것입니다.

"에스라가 위대하신 하나님 여호와를 송축하매 모든 백성이 손을 들고 아멘 아멘 하고 응답하고 몸을 굽혀 얼굴을 땅에 대고 여호와께 경배하니라"(느 8:6).

"아멘" 하며 응답하던 백성들은 누가 시키지도 않았는데 몸을 굽혀서 얼굴을 땅에 대고 하나님을 경배했습니다. 게다가 그들은 무려 6시간이라는 장시간 동안 제자리에 서서 하나님의 말씀을 경청했습니다(느 8:7). 이 구절에서 하나님을 고대하고 사모하는 이스라엘 백성의 심령을 예측할 수 있습니다.

마침내 에스라는 율법책을 낭독하고 뜻을 해석했습니다. 그런데 한 사람이 육성으로 4-5만 명이나 되는 사람들에게 말씀을 전하기에는 한계가 있었습니다. 그래서 강단 위에 있는 13명과 강단 아래 있는 13명의 레위인들이 에스라가 먼저 이야기하면 각각 나누어진 그룹에게 큰 소리로 전달했습니다.

혼란스러울 수 있는 환경에도 불구하고 매우 질서 있게 진행되었습니다. 한 말씀도 놓치지 않으려고 가슴을 졸이며 듣는 백성들의 열정이 작은 바늘 하나라도 떨어지면 소리가 들릴 정도의 분위기를 조성했을 것입니다. 그만큼 모여든 사람들은 하나님의 말씀을 듣고 싶어 했습니다. 하나님의 말씀이 그들의 삶의 중심이고 핵심임을 깨달았기 때문입니다. 그들은 말씀에 굶주려 있었고, 목말라 있었고, 갈급해 있었습니다.

모든 기적과 부흥은 우리 심령이 갈급할 때 일어납니다. 말씀과 은혜는 사모하는 사람들에게 부어집니다. 부흥을 사모한다면 하나님과 그분이 하신 말씀으로 돌아가야 합니다. 또한 말씀을 전하는 자는 듣는 자들이 온전히 말씀을 깨닫고 삶에 대한 회개와 더불어 새로운 삶을 살 수 있도록 힘껏 도와야 합니다.

"하나님의 율법책을 낭독하고 그 뜻을 해석하여 백성에게 그 낭독하는 것을 다 깨닫게 하니"(느 8:8).

하나님의 말씀을 제대로 해석할 때 그 열매는 말씀에 대한 순종으로 나타납니다. 선포된 말씀 그대로 살고자 애쓰게 되는 것입니다. 우리는 "보라 날이 이를지라 내가 기근을 땅에 보내리니 양식이 없어 주림이 아니며 물이 없어 갈함이 아니요 여호와의 말씀을 듣지 못한 기갈이라"(암 8:11)라는 아모스 선지자의 외침을 기억해야 합니다.

말씀의 홍수 시대입니다. 사방에 말씀이 넘쳐 납니다. 인터넷에 수천 개의 설교가 떠돌아다녀도 내가 먹을 말씀은 한 가지이며, 집에 성경책이 몇 권씩 있어도 생명의 양식은 내가 찾아 먹어야 합니다. 주일에 선포되는 하나님의 말씀도 열심히 소화해 내어 성경을 깨닫는 영적인 눈을 떠야 합니다. 그래야 말씀에 대한 절대 순종을 결심할 수 있습니다.

말씀을 깨닫는다는 것은 지금 자신의 처지를 잘 안다는 뜻입니다. 교만하면 마음에 말씀이 떨어지지 않습니다. 하나님의 말씀을 밀어 내기 때문입니다. 자신이 어떤 고집과 불순종과 불신앙 가운데 있는지를 알게 되면 그 자리에 은혜가 임합니다. 은혜는 찔림이요, 회개입니다.

### 가슴을 찢는 참다운 회개를 경험함

죄를 인정하면 벌을 받는 것이 세상의 법칙입니다. 아무리 잘못을 인정하더라도 정상 참작만 될 뿐 형벌은 없어지지 않습니다. 그러나 하나님 나라에서는 죄를 인정하는 사람은 용서를 받습니다. 죄의 결과는 경험하겠지만, 죄인을 회복시켜 주는 곳이 하나님 나라 공동체입니다.

> "백성이 율법의 말씀을 듣고 다 우는지라 총독 느헤미야와 제사장 겸 학사 에스라와 백성을 가르치는 레위 사람들이 모든 백성에게 이르기를 오늘은 너희 하나님 여호와의 성일이니 슬퍼하지 말며 울지 말라 하고"(느 8:9).

이날 에스라가 어떤 성경 본문으로 설교했는지는 정확히 알 수 없습니다. 그러나 분명한 것은, 성경의 처음 다섯 권인 모세오경 중 하나였을 것입니다. 아마도 하나님의 인도하심과 구원, 끊임없이 용서하셨던 은혜, 그러나 광야에서의 조상들의 불순종과 하나님의 계명, 가나안 땅에 대한 약속, 또다시 반복되는 불순종, 그럼에도 베푸시는 하나님의 은혜에 관한 설교였을 것입니다.

그런데 놀라운 일이 벌어졌습니다. 모든 백성이 일제히 그 설교를 듣고 운 것입니다. 나중에 느헤미야 9장에서 설명하겠지만, 이 울음은 참다운 회개로 이어집니다. 그러므로 단순한 눈물이 아니었던 것입니다. 잠깐 말씀을 듣고 '은혜받았다'는 차원에 그친 것이 아니라, 회개의 자리까지 나아갔습니다. 정말 은혜를 받은 사람은 반드시 회개합니다.

'회개'란 '돌이켜 고침을 받는다'라는 뜻입니다. 잘못 살아온 삶을 단순히 후회하는 정도가 아니라, 철저히 고치겠다는 마음의 결단과 능력으로까지 이어지는 것이 진정한 회개입니다. 진리가 내 마음에 들어와서 주장하기 때문에 없던 마음이 생기는 것입니다. 그렇기에 진정한 회개는 단순히 죄를 뉘우치는 것을 넘어 치유의 열매까지 맺습니다.

가정 치유 사역을 하는 한 사모님이 주님 앞에 살려 달라고 치유를 간구하고 있었습니다. 그런데 "애야, 고쳐 달라고 하지 말고 죽여 달라고 구하라"라는 하나님의 음성을 들었다고 합니다. 죄가 죽어야 새 역사가 일어납니다. 그 죄의 근본은 그 누구도 아닌 바로 '나'입니다. 내가 죽어야 내 삶에 예수님이 살아나십니다. "내가 그리스도와 함께 십자가에 못 박혔나니 그런즉 이제는 내가 사는 것이 아니요 오직 내 안에 그리스도께서 사시는 것이라"(갈 2:20)라는 말씀을 붙들고 믿는 것이 기독교 신앙입니다.

기독교는 십자가의 죽음과 거기서 다시 살아나는 부활을 경험하는 공동체입니다. 구원의 확신을 얻고 새 생명을 얻은 사람은 이를 기념해 세례(침례)를 받습니다. 세례는 로마서 6장 말씀처럼 내가 물속에 들어갈 때 예수님과 함께 나의 옛 사람의 모습을 장사 지낸다는 것을 뜻합니다. 나의 옛 모습, 옛 생각, 옛 자아가 다 죽는 경험과 결심을 하는 것입니다.

수문 앞 광장에 모여든 백성들은 이 사실을 깨달았습니다. 그렇기에 다 울었습니다. 지나간 민족의 역사와 무너진 가정을 보고 울었습니다. 또한 나라가 없어지고 포로로 잡혀간 이민 생활 때문에 울었습니다. 입에서 단내가 나는 죽을 위험 끝에 성벽을 재건한 감격 때문에 울었습니다. 그리고 무엇보다 이제까지 잘못 살아온 죄 때문에 울었습니다. 그렇게 그날의 울음은 연민의 울음이 아니라, 철저히 자신을 살리는 울음이 되었습니다.

감격스러운 말씀을 들어도 눈물이 나지 않는 것은 내 마음이 그만큼 강퍅하다는 증거입니다. 하나님이 세우신 성벽이 아니라, 내가 세운 성벽으로 하나님의 말씀을 튕겨 내기 때문입니다. 갈급함이 사라진 것입니다. 그러나 선포되는 하나님의 말씀에 마음이 제대로 열려만 있다면 성령님은 당연히 역사하십니다. 그런 참다운 회개 가운데 하나님 나라가 회복됩니다. 그런데 여기가 끝이 아닙니다. 회복으로 가는 가장 빠른 길의 마지막 단계가 남아 있습니다.

### 하나님을 기뻐함

무너졌던 마음에 말씀과 하나 됨, 순종과 회개를 통해 하나님 나라가 회복되니 그 감격으로 인하여 백성들은 하염없이 울었습니다. 자복하며 회개했습니다. 그런데 그때 하나님이 에스라와 느헤미야에게 주신 말씀이 기가 막힙니다.

"느헤미야가 또 그들에게 이르기를 너희는 가서 살진 것을 먹고 단 것을 마시되 준비하지 못한 자에게는 나누어 주라 이날은 우리 주의 성일이니 근심하지 말라 여호와로 인하여 기뻐하는 것이 너희의 힘이니라 하고"(느 8:10).

이 말씀을 조금 쉽게 풀면 이렇습니다. "울지 마라. 이날, 곧 나팔절은 거룩한 날이다. 너희에게 상처받고 억눌리고 버림받았던 마음의 상처가 있으나 참된 하나님 나라가 이제 회복되었으니 슬퍼하지 말고 기뻐하라. 이제 그 모든 것을 은혜로 주신 하나님을 기뻐하는 것이 너희의 힘이다."

그러면서 느헤미야는 예루살렘, 시온성 하나님 나라의 재건을 그토록 꿈꾸는 백성들에게 "여호와로 인하여 기뻐하는 것이 너희의 힘이니라"라고 위로했습니다. 여호와를 기뻐하는 것은 우리 아버지 되신 하나님을 자랑스러워하는 것입니다. 히브리어로 '힘'은 '마오즈'인데, '강한 요새, 강한 성'이라는 의미를 갖습니다. 그러니까 하나님은 하나님을 자랑스러워하고, 하나님과 동행하며, 하나님으로 인해 기뻐하는 삶을 사는 자에게는 강한 산성과 같은 힘으로 보호하신다는 뜻입니다.

한국교회 성도들이 좋아하는 성경 구절 중 하나가 "나의 힘이신 여호와여 내가 주를 사랑하나이다"(시 18:1)입니다. 하나님은 이 고백을 하는 백성을 향해 결코 가만히 계시지 않습니다. 하나님은 그들을 높이고 영화롭게 하십니다.

> "하나님이 이르시되 그가 나를 사랑한즉 내가 그를 건지리라 그가 내 이름을 안즉 내가 그를 높이리라 그가 내게 간구하리니 내가 그에게 응답하리라 그들이 환난당할 때에 내가 그와 함께하여 그를 건지고 영화롭게 하리라"(시 91:14-15).

우리 하나님은 이렇게 멋있는 분이십니다. 그러니 우리는 하나님으로 인해 평생에 기뻐하고 즐거워해야 합니다. 삶에 기쁨이 찾아들면 회복됩니다. 우주의 창조자이신 하나님을 자랑스러워하는 기쁨을 마음에 가지면 어떤 상처라도 빠르게 회복됩니다.

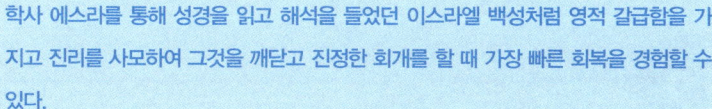

학사 에스라를 통해 성경을 읽고 해석을 들었던 이스라엘 백성처럼 영적 갈급함을 가지고 진리를 사모하여 그것을 깨닫고 진정한 회개를 할 때 가장 빠른 회복을 경험할 수 있다.

#### 적용 질문

1. 영적 갈급함을 가지고 자발적으로 하나님께 나아가고 있습니까?
2. 회복으로 가는 여섯 가지 길 중 지금 나에게 가장 필요한 길은 무엇입니까?
3. 내 주위에 하나님이 주시는 힘이 절실하게 필요한 사람은 누구입니까?

## 12

# 하나님을 기뻐할 때
# 삶에 어떤 변화가 일어날까

_느 8:9–18

"사로잡혔다가 돌아온 회중이 다 초막을 짓고 그 안에서 거하니 눈의 아들 여호수아 때로부터 그날까지 이스라엘 자손이 이같이 행한 일이 없었으므로 이에 크게 기뻐하며 에스라는 첫날부터 끝날까지 날마다 하나님의 율법책을 낭독하고 무리가 이레 동안 절기를 지키고 여덟째 날에 규례를 따라 성회를 열었느니라"(느 8:17–18).

이스라엘 백성은 나라가 없어지고 민족이 뿔뿔이 흩어진 지 실로 오랜만에 하나님의 말씀을 깊이 들었습니다. 게다가 적어도 말씀을 알아들을 수 있는 3–5만 명이나 되는 엄청난 사람들이 수문 앞 광장 앞에 자발적으로 모였습니다. 학사 겸 제사장인 에스라에게 말씀을 강론해 줄 것을 부탁한 것입니다. 이는 140여 년 동안 쌓지 못한 성벽을 죽기 살기로 단 52일 만에 쌓아 올린 감격을 뒤로하고, 이 모든 일이 하나님이 부어 주신 은혜임을 깨달았기 때문에 가능한 일이었습니다.

에스라의 말씀 강론은 무려 6시간이나 진행되었습니다. 그러나 단 한 명도 졸지 않았고, 오히려 시간이 지남에 따라 여기저기서 흐느끼는 소리가 들리더니 어느새 모든 사람이 울었습니다. 이 울음은 자신들의 처지를 비관해서 흘린 눈물이 아니었습니다. 이제까지 하나님의 말씀대로 살지 못했던 것에 대한 회개로 인한 울음이었습니다.

그런데 그때 전혀 예기치 못한 일이 일어났습니다. 에스라와 느헤미야가 그들을 향해 "오늘은 너희 하나님 여호와의 성일이니 슬퍼하지 말며 울지 말라"(느 8:9)고 했습니다. 백성들은 죄가 깨달아져서 우는데, 거룩한 성일이니 울지 말라고 했습니다. 그러면서 "여호와로 인하여 기뻐하는 것이 너희의 힘이니라"(느 8:10)라고 위로했습니다.

'여호와를 기뻐한다'는 말은 '하나님을 자랑스럽게 여긴다'는 의미입니다. 즉 매사에 무슨 일을 만나든지 하나님으로 인해 자랑스럽고 하나님 자체를 자랑스럽게 여기는 것이 여호와를 기뻐하는 것입니다. 그리고 그렇게 여호와를 기뻐하며 사는 것이 힘과 능력이 됩니다.

사실 사람이 사람으로 인해 기뻐하고 즐거워해도 엔도르핀이 돕니다. 만나면 즐겁고 힘이 되는 사람이 있습니다. 그런데 능력과 힘, 축복의 근원이 되시는 하나님을 기뻐한다고 상상해 보십시오. 그 행복감에 눈물이 날 수도 있고, 기뻐서 소리를 지를 수도 있습니다. 아마도 할 수 있는 한 모든 것을 동원해서 하나님을 기뻐하는 마음을 표현할 것입니다. 그런데 여기서 끝나면 초보 신앙입니다. 진심으로 하나님을 기뻐한다면 삶의 열매가 있어야 합니다. 여호와를 기뻐할 때 우리의 삶에 어떤 일이 벌어질까요? 삶에 어떤 열매가 맺힐까요?

### 은혜를 나누는 열매

느헤미야와 에스라는 슬퍼하며 우는 사람들에게 근심하지 말고 가서 잔치를 벌이라고 했습니다.

> "느헤미야가 또 그들에게 이르기를 너희는 가서 살진 것을 먹고 단 것을 마시되 준비하지 못한 자에게는 나누어 주라 이날은 우리 주의 성일이니

근심하지 말라 여호와로 인하여 기뻐하는 것이 너희의 힘이니라 하고"
(느 8:10).

'살진 것을 먹고 단 것을 마셔라'라는 말은 당시에 잔치를 벌이자는 최대의 표현입니다. 느헤미야는 이처럼 잔치를 선포한 후 "이날은 우리 주의 성일이니 근심하지 말라"고 했습니다. 여기까지만 보면 완전히 목적 없는 파티로 착각할 수 있습니다. 자칫 하나님을 기뻐하는 것은 그저 인생을 잘 즐기고 삶을 기쁘게 사는 데 있다는 오해를 살 수 있습니다. 그러나 그리스도인은 노는 데도 격이 있어야 합니다. 행동은 비슷한 것 같은데, 목적이 완전히 다른 즐거움입니다. 어떻게 다를까요?

10절과 12절에 "준비하지 못한 자에게는 나누어 주라"(느 8:10), "먹고 마시며 나누어 주고 크게 즐거워하니"(느 8:12) 등 '나누어 주다'라는 단어가 반복되어 나타납니다. 하나님을 기뻐하는 것은 살진 것과 단 것을 먹으며 즐거워하는 데서 그치는 것이 아니라, 함께 나누고 함께 즐거워해야 합니다. 12절 하반절, "그들이 그 읽어 들려 준 말을 밝히 앎이라"라는 말씀을 통해 우리는 이스라엘 백성이 하나님의 말씀을 제대로 깨달았기 때문에 그 결과로 함께 나누며 즐거워했다는 사실을 알 수 있습니다.

여호와 하나님을 기뻐하는 삶을 사는 사람들의 열매는 '나눔'입니다. 하나님의 은혜가 임했기 때문에 나눌 수 있는 것입니다. 은혜받고 사랑을 받았기에 음식도 나누고, 즐거움도 나누고, 아픔도 나누고, 말씀도 함께 나눌 수 있습니다. 그러나 은혜를 받지 못한 자는 '불평'의 열매를 나눕니다. 은혜는 모든 사람에게 열려 있는데, 그 은혜를 내가 외면할 때 불평이 터져 나옵니다. 그러므로 불평은 나를 병들게 하고 하나님을 떠나게 합니다. 그러나 감사는 받은 은혜를 더욱 풍성하게 하고 주변 사람들을 행복하게 합니다. 여호와 하나님을 만나는 것이 기쁨이 되고, 예배가 삶의 참된 안식이 되며, 찬양이 인생의 활력이 된다면 환경에 관계없이 행복한 사람입니다. 왜냐하면 하나님은 하나님을 기뻐하는 사람에게 힘을 주겠다고 말씀하셨기 때문입니다. 이것은 선택입니다. 하나님을 기뻐하는 것을 선택할 때 힘을 얻습니다.

이스라엘 백성은 "이날은 우리 주의 성일이니 근심하지 말라 여호와로 인하여 기뻐하는 것이 너희의 힘이니라"(느 8:10)라는 느헤미야의 말을 듣고 음식을 차렸습니다. 소와 양을 잡아 온갖 풍성한 음식을 준비했습니다. 그리고 함께 나누었습니다.

함께 음식을 먹는다는 것은 교제를 의미합니다. 밥상 공동체는 나눔의 공동체입니다. 나눔의 공동체는 예수 공동체입니다. 예수님은 자신의 살과 피를 죄인 된 우리에게 나누어 주지 않으셨습니까? 그것을 기념하며 모인 사람들의 모임이 예수 마을 공동체입니다. 이 사실을 깨달은 이스라엘 백성은 먹고 마시며 서로 위로하고 격려했고, 나누어 주면서 크게 즐거워했습니다. 왜냐하면 하나님의 뜻을 이해했고, 에스라가 설교한 말씀을 마음에 온전히 받아들였기 때문입니다.

### 말씀을 깊이 묵상하는 열매

이스라엘 백성은 서로 함께 음식을 나누고, 기쁨을 나누고, 아픔을 나누며 크게 즐거워했습니다. 그런데 이런 모습을 본 지도자들이 또 놀랐습니다. 자신들이 알고 있던 백성들의 모습이 아니었기 때문입니다. 무엇인가 분명한 변화가 일어나고 있었습니다. 그래서 그다음 날 족장들과 제사장들이 에스라를 다시 찾았습니다. 모두가 잔치를 벌이고 있는 사이에도 리더들은 역시 다른 모습을 보입니다.

"그 이튿날 뭇 백성의 족장들과 제사장들과 레위 사람들이 율법의 말씀을 밝히 알고자 하여 학사 에스라에게 모여서"(느 8:13).

리더들은 에스라의 설교를 듣고 울던 자신들이나 "여호와로 인하여 기뻐하는 것이 너희의 힘이니라"(느 8:10)라는 말씀을 듣고 순종하여 이웃들과 함께 받은 은혜를 나누는 백성들을 보고 나자 말씀이 더 알고 싶어졌습니다. 100년 넘게 하나 되지 못했던 이스라엘 민족이 말씀 앞에서 하나가 된 모습을 보자 말씀이 더욱 궁금해졌을 것입니다. 이에 그들은 에스라를 찾아가 함께 말씀을 보았습니다.

은혜를 나누는 삶을 사는 사람들은 그 은혜를 나눕니다. 그리고 다시 그 은혜의 원천이신 하나님을 찾아갑니다. 하나님께 은혜와 축복을 받았으니 다시 그 축복의 근원으로 가야 은혜가 채워짐을 깨달았기 때문입니다. 하나님이 나에게 부어 주신 은혜가 내가 다시 말씀이신 하나님께로 돌아가지 않아도 영원히 나에게 머물 것이라는 생각은 교만이고 자기기만입니다. 에덴동산에서 아담과 하와는 그런 마음으로 하나님이 금하신 선악과를 따 먹었습니다. 하나님이 세우신 이스라엘의 초대 왕 사울이 교만해졌을 때도 마찬가지입니다. 사울은 그 은혜를 창조할 수 있다고 믿기 시작했고, 결국 하나님은 그에게서 성령이 떠나가게 하셨습니다.

간음과 살인죄를 범한 다윗이 하나님께 가장 간곡하게 기도했던 것은 "구원의 즐거움을 회복시켜 주시고 주의 성령을 거두지 마소서"였습니다 (시 51:11-12). 지속적으로 샘솟는 성령 충만한 은혜를 사모한다면 하나님께로 다시 돌아와 그분이 하신 말씀에 귀를 기울여야 합니다. 바로 이 사실을 리더들이 깨달은 것입니다.

"율법에 기록된 바를 본즉 여호와께서 모세를 통하여 명령하시기를 이스라엘 자손은 일곱째 달 절기에 초막에서 거할지니라 하였고"(느 8:14).

리더들이 무슨 일을 알고 계획한 것이 아니었습니다. NIV 성경은 이 말씀을 "They found written in the Law"라고 번역하고 있습니다. 즉 말씀을 보다가 무엇인가를 발견했다는 뜻입니다. 그런데 마침 그때는 초막절이 시작되는 계절이었습니다. 예루살렘 성벽을 완공하고 7월 1일에 수문 앞 광장에서 모였는데, 초막절은 7월 15일에 시작되는 절기입니다. 이를 알게 된 에스라는 말씀을 깨달은 족장들과 제사장들에게 속히 가서 기다리는 백성들에게 초막절을 지킬 것을 선포하라고 했습니다.

지금 일어나는 모든 일은 어제 수문 앞 광장에서의 부흥성회 그리고 오늘 에스라와 리더들이 말씀을 읽다가 깨달은 바를 통해서 자발적으로 시작된 것입니다. 느헤미야 9장에서 계속 이어지는 신앙 부흥 운동도 오늘 족장과 제사장들이 에스라를 찾아가 말씀을 찾아보고 연구하지 않았다면 일어나지 않았을 일입니다. 하나님을 기뻐한다고 외친다면 하나님의 말씀을 묵상하는 삶으로 날마다 돌아가야 합니다. 그것이 하나님을 사랑한다는 증거 중에 증거요, 하나님을 기뻐하는 것이기 때문입니다.

## 말씀을 실천하는 열매

성화의 삶은 말씀을 듣고 실천하는 삶에서 나타납니다. 수문 앞 광장에 부흥성회가 있던 다음 날 이스라엘의 지도자들과 에스라가 함께 모여 다시 말씀을 연구했습니다. 은혜를 받으니까 말씀을 더욱 사모하는 마음이 생긴 것입니다. 그야말로 주전 458년에 2차 포로 귀환을 한 후 14년을 기다린 보람이 있었습니다. 자진해서 말씀을 듣고자 하고 그 말씀을 듣자마자 눈물로 회개하는 백성들, 따로 찾아와서 말씀을 공부하고자 하는 리더들의 모습을 보는 에스라의 마음은 어떠했을까요?

그렇게 에스라와 지도자들은 하나님의 말씀을 다시 폈습니다. 그런데 다시 그들의 마음을 찌르는 말씀이 있었습니다. 바로 레위기 23장에 나오는 초막절에 관한 말씀을 본 것입니다.

"여호와께서 모세에게 말씀하여 이르시되 이스라엘 자손에게 말하여 이르라 일곱째 달 곧 그달 첫날은 너희에게 쉬는 날이 될지니 이는 나팔을 불어 기념할 날이요 성회라 어떤 노동도 하지 말고 여호와께 화제를 드릴지니라 … 여호와께서 모세에게 말씀하여 이르시되 이스라엘 자손에게 말하여 이르라 일곱째 달 열닷샛날은 초막절이니 여호와를 위하여 이레 동안 지킬 것이라 첫날에는 성회로 모일지니 너희는 아무 노동도 하지 말지며 이레 동안에 너희는 여호와께 화제를 드릴 것이요 여덟째 날에도 너희는 성회로 모여서 여호와께 화제를 드릴지니 이는 거룩한 대회라 너희는 어떤 노동도 하지 말지니라"(레 23:23-25, 33-36).

그들은 초막절이 이어진다는 것을 레위기를 통해 다시 깨달았습니다. 은혜를 다시 찾아가는 사람들은 이처럼 하나님의 은혜가 준비되어 있다는 것을 확인할 수 있습니다.

초막절은 초막을 짓는 절기로, 광야를 생각하는 시간입니다. 이 절기를 통해 하나님이 그들을 이집트에서 어떻게 인도하여 광야에서 먹이고 입히셨는지를 생각하는 것입니다. 이스라엘 백성은 이 절기 동안 광야로 나가 나무 조각과 천 조각을 이은 간이 집을 짓고 뜨거운 날씨와 물과 음식의 부족을 겪으며 그때 그 시절을 생각했습니다.

> "또 일렀으되 모든 성읍과 예루살렘에 공포하여 이르기를 너희는 산에 가서 감람나무 가지와 들감람나무 가지와 화석류나무 가지와 종려나무 가지와 기타 무성한 나무 가지를 가져다가 기록한 바를 따라 초막을 지으라 하라 한지라"(느 8:15).

이 말씀을 통해 이스라엘 지도자들과 백성들의 행함을 보면 한 가지 중요한 사실을 깨닫게 됩니다. 말씀을 듣고 눈물을 흘리며 감격하는 것은 참 좋은 출발입니다. 이러한 구원의 역사는 전적인 하나님의 은혜입니다. 그러나 그 이후에 이루어지는 거룩의 과정, 즉 성화의 과정은 내가 얼마만큼 하나님의 말씀에 순종하느냐에 달려 있습니다. 이스라엘 백성은 초막절 말씀이 기록된 대로 여러 종류의 나뭇가지를 꺾어다가 초막을 짓고 거기에 7일간 머물러야 했습니다. 불편을 감수해야 했습니다. 그런데 놀라운 일이 벌어졌습니다.

> "백성이 이에 나가서 나뭇가지를 가져다가 혹은 지붕 위에, 혹은 뜰 안에, 혹은 하나님의 전 뜰에, 혹은 수문 광장에, 혹은 에브라임 문 광장에 초막을 짓되"(느 8:16).

그들은 말씀에 즉시 순종했습니다. 지금 이스라엘 유민들은 신앙의 야성을 회복하고 있습니다. 남녀노소 할 것 없이 온 가족이 하나님의 말씀대로 나뭇가지 초막에 거했습니다. 이로써 부모들이 초막절의 의미를 자녀들에게 가르치게 된 것입니다.

이처럼 부모는 자녀들에게 하나님의 말씀에 즉시 순종하는 신앙을 가르쳐야 합니다. 세상은 경쟁이 치열하고 험악한 데 반해, 신앙적으로는 아이들을 너무 연약하게 키우는 경향이 있습니다. 그러나 신앙이 있는 부모라면 자녀들이 세상에서 살아남을 수 있도록 야성적인 신앙을 가르쳐야 합니다. 이때 전제되어야 하는 것은 부모가 먼저 야성적 신앙을 소유하고 있어야 한다는 것입니다. 부모가 신앙의 야성이 없으면 아이들도 영적으로 결핍됩니다. 걸핏하면 포기하고 불평하다가 결국에는 자녀와 부모 사이에 영적 유산이 없어지고 맙니다. 아이들이 교회를 떠나는 이유도 부모의 가르침이 없기 때문인지 모릅니다.

여호수아의 가나안 정복 이후에 거의 1,000년 동안 소홀히 해온 초막절을 모든 백성이 너나없이 기쁨으로 즐거워하며 지켰습니다. 7일간이나 초막에서 지내야 하는 불편함도 그들의 기쁨을 막지 못했습니다. 이런 기쁨은 말씀에 대한 순종이 불러온 것이었습니다.

이스라엘의 3대 절기는 유월절, 오순절, 초막절입니다. 유월절은 구원을 기념하고, 오순절은 성화되는 것을 성령 안에서 기념하는 절기이며,

초막절은 재림을 상징합니다. 그래서 초막절에는 '곧 오실 예수님을 바라보며 현재의 광야 생활을 이겨 내라'는 의미가 깃들어 있습니다.

> "에스라는 첫날부터 끝날까지 날마다 하나님의 율법책을 낭독하고 무리가 이레 동안 절기를 지키고 여덟째 날에 규례를 따라 성회를 열었느니라"(느 8:18).

모든 백성이 노동을 멈추고 가진 자가 못 가진 자에게 음식을 나눠 주자 일할 필요가 없었습니다. 그래서 그들은 7일 동안 초막에 거하면서 계속 말씀을 보았습니다. 이 영적 법칙은 지속됩니다. 즉 은혜를 받으면 말씀을 연구하게 됩니다. 느헤미야서를 묵상하면서 은혜로 다가온 말씀이 있습니다. 이 말씀이 마음에 남아 지워지지 않을 만큼 큰 은혜로 다가왔는데, 바로 17절입니다.

> "사로잡혔다가 돌아온 회중이 다 초막을 짓고 그 안에서 거하니 눈의 아들 여호수아 때로부터 그날까지 이스라엘 자손이 이같이 행한 일이 없었으므로 이에 크게 기뻐하며"(느 8:17).

느헤미야는 이스라엘 백성이 많은 세월 동안 천하태평을 누리던 시절도 있었지만, 1,000년의 역사 속에서 이때처럼 하나 되어 크게 즐거워하며 여호와의 말씀을 행한 적이 없다고 기록했습니다. 그런데 이때가 언제입니까? 가나안 정복 후 나라가 없어지고, 민족과 가족이 뿔뿔이 흩어지고, 노예로 잡혀가고, 마음의 성벽이 모두 무너진 경험을 한 뒤 모든 것을 재건한 때입니다. 그 모진 세월을 통과한 뒤 누리는 하나님이 주시는 기쁨! 이것은 지금껏 경험해 보지 못한 기쁨이었을 것입니다. 비로소 여호와로 인해 기뻐하는 삶으로 회복된 이들의 삶은 은혜를 나누고, 말씀을 사모하고, 그 사모한 말씀을 실천하는 삶이 되었습니다.

지금 우리의 삶은 어떻습니까? 그리스도로 인한 기쁨을 체험하고 있나요? 은혜를 나누고, 말씀을 묵상하며, 그 말씀을 실천하십시오. 놀라운 기쁨이 임할 것입니다.

> 여호와로 인해 기뻐하는 삶의 열매는 은혜를 나누고, 말씀을 깊이 묵상하며, 그 말씀을 실천하는 삶으로 맺힌다.

**적용 질문**

1. 말씀을 듣고 받은 은혜를 누구와 함께 어떤 방법으로 나누고 있습니까?
2. 하나님의 말씀을 실천하기 위해 내가 감당해야 할 불편함은 무엇입니까?
3. 자녀에게 물려줄, 또는 내가 회복해야 할 신앙의 야성은 무엇입니까?

# 가정과 공동체여
# 살기 위해 울라

_느 9:1-38

●

"그달 스무나흗 날에 이스라엘 자손이 다 모여 금식하며 굵은 베옷을 입고 티끌을 무릅쓰며 모든 이방 사람들과 절교하고 서서 자기의 죄와 조상들의 허물을 자복하고"(느 9:1-2).

성경은 세상에서 가장 역설적인 책입니다. '역설적'이라는 말은 '들어 보면 반대되는 말인 것 같은데 거기에 그럴듯한 진실이 있다'는 뜻입니다. 몇 가지 예를 들면 다음과 같습니다.

"예수께서 이르시되 나는 부활이요 생명이니 나를 믿는 자는 죽어도 살겠고 무릇 살아서 나를 믿는 자는 영원히 죽지 아니하리니"(요 11:25-26).

"너희 중에 누구든지 으뜸이 되고자 하는 자는 모든 사람의 종이 되어야 하리라"(막 10:44).

사도 바울도 자신이 선교와 목회를 하면서 깨달은 역설에 대한 진리를 이렇게 이야기했습니다.

"우리는 속이는 자 같으나 참되고 무명한 자 같으나 유명한 자요 죽은 자 같으나 보라 우리가 살아 있고 징계를 받는 자 같으나 죽임을 당하지 아니하고 근심하는 자 같으나 항상 기뻐하고 가난한 자 같으나 많은 사람을 부요하게 하고 아무것도 없는 자 같으나 모든 것을 가진 자로다"
(고후 6:8-10).

사실 인생 자체가 역설입니다. 우리는 태어나서 살아가는 것 같지만, 사실은 태어나는 순간부터 죽음이라는 종말을 향해서 나아가고 있기 때문입니다. 예수님은 우리에게 생명을 주시기 위해서 스스로 십자가에서 죽으셨습니다. 이렇게 전능하신 하나님이 인간의 몸을 입고 죄인 된 인간을 찾아오신 것 자체가 역설입니다.

## 성공의 자리에서 울라

이스라엘 백성은 140여 년간 나라와 민족 없이 살아온 끝에 드디어 52일 만에 예루살렘을 보호할 수 있는 성벽을 재건했습니다. 그들은 기쁨을 뒤로하고 자발적으로 수문 앞 광장에 모여서 에스라에게 청하여 하나님의 말씀을 보았습니다. 그리고 그들은 말씀을 듣자 죄를 깨닫고 하염없이 울었습니다. 그러나 하나님은 "이날은 하나님의 성일이니 슬퍼하거나 근심하지 말고, 공동체와 더불어 먹고 마시고 즐거워하라. 여호와를 기뻐하는 것이 너희의 힘이다"(느 8:10)라는 역설적인 말씀으로 그들을 위로하셨습니다.

또한 이스라엘 백성은 광야 생활을 기념하는 초막절이라는 것을 말씀을 통해 깨닫고는 나뭇가지를 엮어 마당에 초막을 만든 후 모든 가족이 모여 7일 동안 절기를 지켰습니다. 성경은 여호수아 시대 이후로 지난 1,000년간 이스라엘 백성이 그처럼 함께하며 즐거워한 적이 없다고 기록하고 있습니다. 그들은 나라가 없고 모든 것이 가장 열악한 상황 속에서 광야에서 나뭇가지로 만든 초막집을 짓고 기뻐했던 것입니다. 이것이 이스라엘 역사의 역설입니다. 가만히 생각해 보면 우리의 인생에 있어 가장 행복한 시절은 가장 고생하면서도 꿈이 있었던 때였던 것 같습니다.

지금까지 이스라엘 백성은 나라가 멸망하고 모든 소망이 없어진 시점에 예루살렘 성벽 공사를 하며 인생에 있어서 가장 기쁘고 영광스러운 순간을 맞이했습니다. 그런데 이스라엘 백성은 여기서 멈추지 않았습니다. 아니, 지금까지 수문 앞 광장에서 열린 부흥성회와 초막절의 회복은 시작에 불과했습니다. 그들은 티쉬리월(7월) 24일에 다시 모였습니다. 이제 힘들지만 보람 있게 지낸 초막절을 끝냈으니 성벽 공사 축제를 벌일 만했습니다. 그런데 그들의 태도가 심상치 않습니다.

"그달 스무나흘 날에 이스라엘 자손이 다 모여 금식하며 굵은 베옷을 입고 티끌을 무릅쓰며 모든 이방 사람들과 절교하고 서서 자기의 죄와 조상들의 허물을 자복하고"(느 9:1-2).

이스라엘 백성은 다시 모여 금식을 선포했습니다. 누가 시켜서 억지로 한 것이 아니라, 자발적인 마음으로 금식을 했습니다. 굵은 베옷을 입고, 티끌을 뒤집어쓰고, 애통하며 자복했습니다. 또다시 모여서 금식을 선포하고 울기 시작한 이스라엘 백성의 울음은 처음의 울음과 차이가 있습니다. 이번에는 하나님 앞에서 살며 가정과 민족을 살리기 위한 울음이었습니다. 그들은 이제 하나님 앞에 간절한 마음을 가지고 살기 위해 울고 있습니다. 앞으로의 미래를 위해, 그들의 가정과 자녀들과 민족 공동체를 살리기 위해 울었습니다.

지금 이스라엘 백성이 과거 선조들과 확연하게 다른 점은 성공의 자리에서 울었다는 것입니다. 이스라엘에는 이런 역사가 없습니다. 140여 년 동안 부모와 조상이 이루지 못한 이스라엘 민족의 최대 사업인 성벽을 쌓아 올린 것은 분명한 성공입니다. 그러나 이스라엘 유민들은 그들이 이룬 성공의 자리에서 금식을 선포했습니다. 그리고 베옷을 입고 재를 뒤집어쓰고 하나님께 통곡했습니다.

우리는 금식을 나의 입장에서 생각합니다. 내가 간구해야 할 특별한 기도가 있을 때만 금식을 합니다. 그러나 이스라엘 민족은 무엇인가 결말이 난 자리에서 금식을 시작했습니다. 성공의 자리에서 자신의 죄를 회개함과 더불어 조상의 죄까지 함께 회개하며 울부짖었습니다. 그들은 선조들이 성공의 자리에서 하나님의 축복을 망각한 채 모든 영광을 자신들에게 돌리며 교만해지는 모습을 보았습니다. 그래서 그들은 이렇게 회개했습니다.

"그들의 굶주림 때문에 하늘에서 그들에게 양식을 주시며 그들의 목마름 때문에 그들에게 반석에서 물을 내시고 또 주께서 옛적에 손을 들어 맹세하시고 주겠다고 하신 땅을 들어가서 차지하라 말씀하셨사오나 그들과 우리 조상들이 교만하고 목을 굳게 하여 주의 명령을 듣지 아니하고 거역하며 주께서 그들 가운데에서 행하신 기사를 기억하지 아니하고 목을 굳게 하며 패역하여 스스로 한 우두머리를 세우고 종 되었던 땅으로 돌아가고자 하였나이다 그러나 주께서는 용서하시는 하나님이시라 은혜로우시며 긍휼히 여기시며 더디 노하시며 인자가 풍부하시므로 그들을 버리지 아니하셨나이다"(느 9:15-17).

느헤미야 공동체의 이스라엘 후손들은 이 역사를 기억하고 깨달았습니다. 다시는 성공의 자리에서 하나님을 배신하지 않기 위해 금식하며 회개한 것입니다. 극도로 지혜로운 처사입니다. 그들은 역사를 반복하지 않기 위해 지금의 성공에 교만하지 않고 하나님께로 나아가기 위해 발버둥 쳤습니다. 이것이 온전한 성공입니다. 그렇게 그들은 낮 시간 중 4분의 1, 즉 3시간을 서서 죄를 자복하며 하나님께 나아갔습니다.

## 하나님을 경배하며 울라

금식에 대한 또 하나의 오해는 금식과 회개에는 슬픔만 있다고 생각하는 것입니다. 그러나 말씀에 나타난 역설을 보십시오.

"이날에 낮 사분의 일은 그 제자리에 서서 그들의 하나님 여호와의 율법책을 낭독하고 낮 사분의 일은 죄를 자복하며 그들의 하나님 여호와께 경배하는데 레위 사람 예수아와 바니와 갓미엘과 스바냐와 분니와 세레뱌와 바니와 그나니는 단에 올라서서 큰 소리로 그들의 하나님 여호와께 부르짖고 또 레위 사람 예수아와 갓미엘과 바니와 하삽느야와 세레뱌와

> 호디야와 스바냐와 브다히야는 이르기를 너희 무리는 마땅히 일어나 영원부터 영원까지 계신 너희 하나님 여호와를 송축할지어다 주여 주의 영화로운 이름을 송축하올 것은 주의 이름이 존귀하여 모든 송축이나 찬양에서 뛰어남이니이다 오직 주는 여호와시라 하늘과 하늘들의 하늘과 일월성신과 땅과 땅 위의 만물과 바다와 그 가운데 모든 것을 지으시고 다 보존하시오니 모든 천군이 주께 경배하나이다"(느 9:3-6).

눈물과 찬양이 공존하고 있습니다. 통회와 자복 그리고 찬양과 경배가 함께 일어나는 역설의 현장입니다. 회개는 온전한 예배와 경배를 통해 일어납니다. 하나님을 찬양하고 경배하면 하나님의 거룩하심을 느끼게 되고, 그 거룩하심 때문에 우리는 비로소 죄를 깨닫고 깊이 회개할 수 있게 됩니다.

포로로 잡혀갔다 돌아온 이스라엘 백성이 힘을 얻게 된 결정적인 동기는 성벽을 건축한 후 드린 예배였습니다. 수문 앞 광장에 모여 실로 오랜만에 예배하며 하나님의 임재를 경험한 것입니다. 마치 파도가 물결치듯 "아멘" 소리로 화답하고, 머리를 땅에 대고 하나님께 경배하는 예배가 임했습니다. 이 일이 얼마나 감격스러웠으면 새벽부터 정오까지 6시간 동안이나 말씀을 들었을까요. 말씀이 이토록 그리웠다는 것은 마음이 그만큼 무너져 있었다는 사실의 방증입니다.

그들은 이처럼 상한 마음으로 하나님의 유일하심을 고백하며 예배를 드렸습니다. 이렇게 하나님을 경배하며 울 때 살 수 있습니다.

### 말씀 가운데 올라

이스라엘 백성은 회개하는 가운데 낮의 4분의 1, 즉 3시간 동안은 하나님의 말씀을 낭독했습니다. 그것도 3시간 동안 서서 말씀을 낭독했습니다. 지금은 서서 30분만 예배드려도 마음에 불평이 생길 것입니다. 사실 현대 예배학과 설교학의 어떤 요소들은 하나님이 아닌 사람에게 초점이 맞춰져 있습니다. 그런데 이 사실을 잊어버릴 때가 많은 것 같습니다. 우리가 누구의 존전에서 예배를 드리고 있는지를 다시 한번 생각해야 합니다.

은혜받은 백성들은 무려 3시간 동안 서서 말씀을 낭독했습니다. 그리고 3시간은 그 받은 말씀을 통하여 회개했습니다. 무려 3시간 동안이나 회개했습니다. 들은 말씀을 통해 은혜를 받자 회개에 이른 것입니다.

초막절 기간에 이스라엘 백성은 하나님의 말씀을 들으면서 하나님이 어떤 분이신가를 깨달았습니다. 그리고 하나님이 어떤 일을 자신들의 조상들을 위해 행하셨는지를 말씀 가운데 배웠습니다. 그러자 말씀 가운데 그분의 자녀로서 어떻게 살아야 하는지를 깨닫게 되었습니다. 그렇게 온 이스라엘 회중의 회개가 시작되었을 때 에스라와 레위인들은 백성들에게 그 깨달은 말씀을 선포하며 나아갔습니다.

"주는 하나님 여호와시라 옛적에 아브람을 택하시고 갈대아 우르에서 인도하여 내시고 아브라함이라는 이름을 주시고 그의 마음이 주 앞에서 충성됨을 보시고 그와 더불어 언약을 세우사 가나안 족속과 헷 족속과 아모리 족속과 브리스 족속과 여부스 족속과 기르가스 족속의 땅을 그의 씨에게 주리라 하시더니 그 말씀대로 이루셨사오매 주는 의로우심이로소이다 주께서 우리 조상들이 애굽에서 고난받는 것을 감찰하시며 홍해에서 그들의 부르짖음을 들으시고 이적과 기사를 베푸사 바로와 그의 모든 신하와 그의 나라 온 백성을 치셨사오니 이는 그들이 우리의 조상들에게 교만하게 행함을 아셨음이라 주께서 오늘과 같이 명예를 얻으셨나이다 또 주께서 우리 조상들 앞에서 바다를 갈라지게 하사 그들이 바다 가운데를 육지같이 통과하게 하시고 쫓아오는 자들을 돌을 큰 물에 던짐같이 깊은 물에 던지시고 낮에는 구름 기둥으로 인도하시고 밤에는 불기둥으로 그들이 행할 길을 그들에게 비추셨사오며 또 시내산에 강림하시고 하늘에서부터 그들과 말씀하사 정직한 규례와 진정한 율법과 선한 율례와 계명을 그들에게 주시고 거룩한 안식일을 그들에게 알리시며 주의 종 모세를 통하여 계명과 율례와 율법을 그들에게 명령하시고 그들의 굶주림 때문에 하늘에서 그들에게 양식을 주시며 그들의 목마름 때문에 그들에게 반석에서 물을 내시고 또 주께서 옛적에 손을 들어 맹세하시고 주겠다고 하신 땅을 들어가서 차지하라 말씀하셨사오나"(느 9:7-15).

이 말씀을 보면 하나님이 그들의 인생을 어떻게 인내하시며 그분의 백성들을 얼마나 사랑하시는지를 하나하나 조목조목 아브라함 때부터 구체적으로 표현하고 있습니다. 성경에 이와 비슷한 설교가 있습니다. 스데반과 베드로의 설교입니다.

어떤 사람은 회개하라고 하면 마지못해서 입을 떼지만 1분도 이어 가지 못합니다. "하나님, 잘못했습니다"라고 말씀드린 후 이어지지 않습니다. 그다음 할 말이 기억나지 않는 것입니다. 왜냐하면 회개는 들은 말씀이 있어야 할 수 있는 일이기 때문입니다. 이때 그 말씀이 마음에 박히고 찔림이 되지 않으면 사실상 회개는 일어나지 않습니다.

회개란 말씀을 자꾸 들음으로써 내가 무엇을 잘못 살아왔는가를 깨닫는 것입니다. 격려와 위로도 필요하지만, 동시에 어떤 길로 잘못 가고 있는가를 깨달아야 그것을 통해 고침을 받을 수 있습니다. 그러므로 말씀을 듣고 찔리면 은혜를 받는 것이고, 거북하면 실족합니다. 예수님도 때로 교훈을 말씀하시고 종종 그 말씀을 잘 받아들이는 사람은 '복되다'고 하셨습니다. 이처럼 말씀을 받아들이는 자세는 회개와 직결됩니다. 말씀 가운데 울어야 합니다. 그래야 다시 살아납니다.

### 은혜를 생각하며 울라

느헤미야 9장의 대부분은 하나님이 이스라엘 민족을 어떻게 택하고 이끄셨는가에 대한 설교입니다. 그 내용을 간략하게 정리하면 다음과 같습니다.

- 아브라함을 택하여 맺으신 언약
- 출애굽 사건과 광야에서의 하나님의 은혜. 그러나 가데스바네아 광야의 배역
- 하나님의 도우심으로 가나안 정복. 그러나 불순종으로 인한 파멸
- 그런 모든 과정에 대한 회개

즉 사사기에 기록된 패턴, '하나님의 은혜→고침→불순종→다시 회개하고 부르짖음→다시 베푸시는 하나님의 은혜'가 반복됩니다. 이스라엘의 역사 가운데 나타난 하나님의 은혜를 가르친 것입니다.

부모는 이처럼 자녀들에게 역사를 가르쳐야 합니다. 유대인들은 아이들이 어렸을 때 폭력물을 보여 주지는 않지만 전쟁 다큐멘터리는 보게 합니다. 역사를 알게 하기 위해서입니다. 그런 의미에서 유대인인 스티븐 스필버그(Steven Spielberg) 감독이 "쉰들러 리스트"라는 영화를 만들었습니다.

우리는 자녀들에게 한국 역사를 알려 주어야 합니다. 7백만의 전 세계 한인 이민자들은 자녀들이 정체성을 갖도록 한국 역사와 한글을 가르치기 위해 힘쓰고 있습니다. 그러나 무엇보다 자녀들에게 성경의 역사를 통해 인류 구원의 역사를 가르쳐야 합니다. 성경은 인간이 어떤 존재인가를 자세히 알려 줍니다. 그리고 거기에 임하시는 하나님의 구원 역사를 가르칩니다. 이러한 가르침을 받을 때 자녀들은 은혜라는 것이 무엇인지를 배우게 됩니다.

인생에서 가장 귀중한 것은 하나님의 은혜가 무엇인가를 깨닫는 것입니다. 이것이 아이들에게 신앙의 뿌리를 가르쳐야 하는 이유입니다. 신앙의 역사와 뿌리를 통해 발견하게 되는 것은 '인간의 죄와 그럼에도 주어지는 하나님의 은혜'입니다. 연대 책임을 지며 남의 죄도 대신 회개하는 이유가 여기에 있습니다. 나에게 죄가 있음에도 불구하고 은혜가 주어지기에 남을 위해 울 수 있고, 공동체와 나의 민족과 조국을 위해 울 수 있는 것입니다.

우리는 7-15절에서 하나님이 그분의 백성을 어떻게 사랑하고 인도하셨는가를 확인했습니다. 그러나 그들은 사사기의 패턴처럼 또다시 배역했습니다.

"그들과 우리 조상들이 교만하고 목을 굳게 하여 주의 명령을 듣지 아니하고 거역하며 주께서 그들 가운데에서 행하신 기사를 기억하지 아니하고 목을 굳게 하며 패역하여 스스로 한 우두머리를 세우고 종 되었던 땅으로 돌아가고자 하였나이다 그러나 주께서는 용서하시는 하나님이시라 은혜로우시며 긍휼히 여기시며 더디 노하시며 인자가 풍부하시므로 그들을 버리지 아니하셨나이다 또 그들이 자기들을 위하여 송아지를 부어 만들고 이르기를 이는 곧 너희를 인도하여 애굽에서 나오게 한 신이라 하여 하나님을 크게 모독하였사오나 주께서는 주의 크신 긍휼로 그들을 광야에 버리지 아니하시고 낮에는 구름 기둥이 그들에게서 떠나지 아니하고 길을 인도하며 밤에는 불 기둥이 그들이 갈 길을 비추게 하셨사오며 또 주의 선한 영을 주사 그들을 가르치시며 주의 만나가 그들의 입에서 끊어지지 않게 하시고 그들의 목마름을 인하여 그들에게 물을 주어 사십 년 동안 들에서 기르시되 부족함이 없게 하시므로 그 옷이 해어지지 아니하였고 발이 부르트지 아니하였사오며 또 나라들과 족속들을 그들에게 각각 나누어 주시매 그들이 시혼의 땅 곧 헤스본 왕의 땅과 바산 왕 옥의 땅을 차지하였나이다 주께서 그들의 자손을 하늘의 별같이 많게 하시고 전에 그들의 열조에게 들어가서 차지하라고 말씀하신 땅으로 인도하여 이르게 하셨으므로 그 자손이 들어가서 땅을 차지하되 주께서 그 땅 가나안 주민들이 그들 앞에 복종하게 하실 때에 가나안 사람들과 그들의 왕들과 본토 여러 족속들을 그들의 손에 넘겨 임의로 행하게 하시매 그들이 견고한 성읍들과 기름진 땅을 점령하고 모든 아름다운 물건이 가득한 집과 판 우물과 포도원과 감람원과 허다한 과목을 차지하여 배불리 먹어 살찌고 주의 큰 복을 즐겼사오나 그들은 순종하지 아니하고 주를 거역하며 주의 율법을 등지고 주께로 돌아오기를 권면하는 선지자들을 죽여 주를 심히 모독하였나이다"(느 9:16-26).

이 이스라엘 역사를 인생의 큰 그림으로 적용해 보면 바로 나의 삶이 보입니다. 그리고 이런 나를 아직까지 살아 있게 하시는 하나님의 은혜를 깨닫게 됩니다. 그러면 이제까지 이끄신 하나님의 은혜를 깨닫고 회개하게 됩니다. 하나님을 믿어 가는 중에 있는 분들이 종종 이런 질문을 하곤 합니다.

"회개를 하고 싶은데 어떻게 해야 하나요?"

저는 이렇게 대답해 드립니다.

"잘못한 행동을 진심으로 뉘우치고 용서를 구하세요. 그리고 이제 다시는 그 잘못된 행동을 하지 않겠다고 고백하세요."

그런데 사실 마음에 잘못했다는 생각이 들지 않으면 사과하고 싶은 마음도 들지 않고, 행동을 고치고 싶은 생각도 없습니다. 다시 말해, 마음에 잘못한 것에 관한 생각이 들지 않으면 회개를 할 수 없습니다. 그러므로 은혜를 받아야 회개할 수 있습니다. 예배 때 선포되는 말씀과 찬양을 통해서 은혜를 받아야 합니다. 은혜는 받을 만할 때가 있고, 은혜를 사모하는 갈급한 마음을 가진 자가 은혜를 받습니다.

누군가 나를 위해 울어 주는 사람이 있을 때 살아날 수 있습니다. 내가 가정을 위해 울 때 가정이 살아나고, 내가 교회를 위해 울며 기도할 때 교회가 살아나며, 내가 민족 공동체를 위해 회개할 때 하나님이 나라를 살리십니다. 그러므로 우리는 이 시대에 살기 위해 울어야 합니다. 이처럼 인생은 참 역설적입니다.

"제대로 먹고 제대로 살기 위해서 금식하고 기도하고, 웃기 위해 울며, 부활하기 위해 십자가의 삶을 기뻐하는 것"

사실 하나님 자체가 참 역설적이십니다. 이스라엘 백성이 스스로 고백하듯이 반복되는 죄와 불순종에도 불구하고 은혜를 베푸시기 때문입니다. 그래서 이스라엘 백성은 다음과 같이 하나님에 관해 선포했습니다.

"주의 크신 긍휼로 그들을 아주 멸하지 아니하시며 버리지도 아니하셨사오니 주는 은혜로우시고 불쌍히 여기시는 하나님이심이니이다"(느 9:31).

이러한 이스라엘 백성의 고백이 오늘을 사는 우리의 고백이 되길 바라며 인생의 큰 그림 속에서 하나님이 선사하시는 은혜의 역사를 누리기 바랍니다.

우리 삶 속에서 일어난 역설의 은혜와 감사에 관한
지구촌 가족들의 짧은 간증문을 소개합니다.

1. 남편의 사업 실패로 눈에 보이는 모든 것을 잃었으나, 그 과정에서 믿지 않던 남편이 하나님을 붙들고 영원한 것을 얻게 하시니 감사합니다.
2. 뇌병변 1급 아들이 하나님이 주신 벌이라 생각했는데, 하나님이 주신 선물이라고 고백하는 남편의 입술로 인하여 감사합니다.
3. 5년 전 교만을 치유하고자 공장을 태우시고 제 몸에 암세포를 주시며 주님께 순종하라시던 주님, 이제 깨끗하게 해 주셔서 감사드립니다.
4. 부모님 두 분 다 안 계셔서 외롭게 살았지만, 따뜻한 가정을 주셔서 감사합니다. 가족들이 건강한 것도 감사하고, 힘든 가운데 살아 있는 동생으로 인하여 감사합니다.
5. 자폐를 가지고 있는 둘째 아들, 뇌 속에 물혹과 뇌전증까지 동반하고 있어 정신적, 육체적으로 힘든 적도 있었지만, 아들의 입에서 나오는 찬송과 아멘, 사랑스러운 모습에 감사를 드립니다.
6. 두 살 딸아이가 무릎을 다쳐서 약 바르는 것도 가슴이 미어지는데, 하나님의 아들을 저를 위해 십자가에 내어 주심에 감사합니다.
7. 남편이 딸에게 주었던 상처들에 대해 간절한 눈물과 고백으로 사과하게 하신 하나님께 감사드립니다.
8. 젊어서 주식으로 집까지 잃고 월세로 20년 가까이 가족들과 힘들게 살다가 하나님이 계획하신 지금의 처소를 주셔서 감사합니다.
9. 말기 암 선고를 받음으로 말미암아 주님만 바라보게 하시고 그 은혜로 다섯 번째 가을 하늘을 보게 해 주심을 감사합니다.
10. 사고로 얼굴을 심하게 다친 며느리가 눈을 다치지 않게 하심에 감사하는 모습을 보며 감사를 배우게 하심을 감사합니다.

예수 그리스도가 우리를 살리기 위해 죽으신 역설처럼 우리는 살기 위해 눈물로 회개해야 하며, 진정한 회개를 위해 말씀을 듣고 예배드려야 한다.

**적용 질문**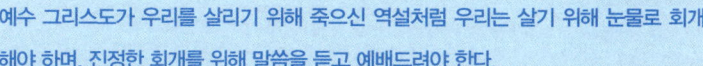

1. 가정과 공동체를 위해 회개와 감사의 눈물을 흘리며 기도해 본 적이 있습니까?
2. 누군가가 나를 위해 눈물로 기도하고 있다는 사실을 알고 위로를 받은 경험이 있습니까?
3. 하나님의 사랑과 은혜를 전할 전도 대상자를 위해 무엇을 할 계획입니까?

5장

회복을 누리는 삶:
그러면 어떻게 살 것인가

# 세상과 구별되나
# 세상의 존경을 받는 삶

_느 10:1-30

"그 남은 백성과 제사장들과 레위 사람들과 문지기들과 노래하는 자들과 느디님 사람들과 및 이방 사람과 절교하고 하나님의 율법을 준행하는 모든 자와 그들의 아내와 그들의 자녀들 곧 지식과 총명이 있는 자들은 다 그들의 형제 귀족들을 따라 저주로 맹세하기를 우리가 하나님의 종 모세를 통하여 주신 하나님의 율법을 따라 우리 주 여호와의 모든 계명과 규례와 율례를 지켜 행하여 우리의 딸들을 이 땅 백성에게 주지 아니하고 우리의 아들들을 위하여 그들의 딸들을 데려오지 아니하며"(느 10:28-30).

어떤 사람들은 우리가 죄를 다시 지을 수 있고 넘어질 수 있는 존재라는 것을 두려워합니다. 그래서 거룩하고 크신 하나님께 어떤 다짐도 하지 말아야 한다고 합니다. 그러나 이런 생각은 우리를 죄의 노예로 만들고자 하는 사탄의 전략 중 하나입니다. 성경은 분명히 "사랑 안에 두려움이 없다"고 선포하고 있습니다(요일 4:18). 하나님이 우리를 구원하신 사건은 사랑의 사건입니다.

우리는 구원을 받고 나면 '앞으로 이렇게 살겠다'는 결단을 합니다. 하나님 앞에서 어떻게 살 것인가에 대한 맹세를 하고 결단을 합니다. 구원은 분명 하나님의 은혜인데, 왜 하나님 앞에서 이런 결단이 필요할까요? 구원은 나의 공로나 의로 얻는 것이 아니고, 철저한 하나님의 은혜로 시작한 것이기 때문입니다. 그래서 결단하는 것입니다. '나는 이제 그 은혜에 대한 감격으로 살아가겠다!'라고 말입니다.

구원 이후의 삶은 나 같은 존재를 받아 주시는 하나님의 최고의 사랑 안에서 살아가는 삶이 됩니다. 그리고 이때 중요한 것은 순서입니다. 순서가 바뀌면 안 됩니다. 내가 율법을 지켰기 때문에 하나님의 사랑과 구원을 받은 것이 아니라, 하나님의 조건 없는 사랑을 깨달았기 때문에 하나님이 말씀하신 것들을 지키며 살고자 노력하는 것입니다. 얼핏 보면 비슷한 듯하지만 이 순서가 바뀌면 신앙생활이 어려워집니다.

## '견고한 언약'의 선포와 맹세

지금까지의 여정을 되짚어 보면, 이스라엘 백성은 140여 년 동안 무너져 있었던 예루살렘의 성벽을 재건했습니다. 그리고 그들은 수문 앞 광장에 모여서 하나님께 예배를 드리며 회개했습니다. 그런데 오히려 하나님은 "여호와로 인하여 기뻐하는 것이 너희의 힘이니라"(느 8:10) 하며 회개하고 울며 자복하는 그들을 위로하셨습니다.

이후 백성들은 다시 말씀을 보았습니다. 그러자 오랫동안 잊고 있었던 초막절을 지켜야 한다는 사실을 깨달았습니다. 이에 온 가정이 함께 모여서 초막절을 지켰습니다.

이집트에서 노예 생활을 하던 그들을 광야로 이끌어 내시고, 먹이고 입히셨던 하나님의 은혜를 다시 한번 깨달으며 하나님 앞에 감사와 감격의 예배와 절기를 지키기 시작했습니다. 그리고 그들은 본격적인 회개를 하기 시작했습니다. 하나님의 말씀을 깨달은 이스라엘 백성은 누가 시킨 것도 아닌데 먹고 마시고 힘을 내서 회개를 했습니다. 자발적으로 자신들의 죄를 진정으로 뉘우쳤습니다.

"그러나 우리가 당한 모든 일에 주는 공의로우시니 우리는 악을 행하였사오나 주께서는 진실하게 행하셨음이니이다 우리 왕들과 방백들과 제사장들과 조상들이 주의 율법을 지키지 아니하며 주의 명령과 주께서 그들에게 경계하신 말씀을 순종하지 아니하고 그들이 그 나라와 주께서 그들에게 베푸신 큰 복과 자기 앞에 주신 넓고 기름진 땅을 누리면서도 주를 섬기지 아니하며 악행을 그치지 아니하였으므로 우리가 오늘날 종이 되었는데 곧 주께서 우리 조상들에게 주사 그것의 열매를 먹고 그것의 아름다운 소산을 누리게 하신 땅에서 우리가 종이 되었나이다"(느 9:33-36).

이스라엘 백성은 그들의 어떠함을 분명하게 자각했습니다. 그 땅의 주인이 되었어야 함에도 불구하고 불순종으로 말미암아 이방 민족들의 노예가 되었다는 것입니다. 그런데 그들은 여기서 그치지 않았습니다. 역사를 통해 죄를 깨닫고 회개한 후 '앞으로 어떻게 살아가야 하는가'에 대한 이슈로 그들의 생각과 결단은 확대되었습니다.

"우리의 죄로 말미암아 주께서 우리 위에 세우신 이방 왕들이 이 땅의 많은 소산을 얻고 그들이 우리의 몸과 가축을 임의로 관할하오니 우리의 곤란이 심하오며 우리가 이 모든 일로 말미암아 이제 견고한 언약을 세워 기록하고 우리의 방백들과 레위 사람들과 제사장들이 다 인봉하나이다 하였느니라"(느 9:37-38).

여기에서 '인봉'이란 봉인, 즉 밀봉했다는 뜻입니다. 그만큼 공개적으로 언약을 하고 매우 의식적으로 행했다는 의미입니다. 이렇게 수문 앞 광장에 모인 이스라엘 백성의 후손들은 나라가 멸망하고 자신들이 포로로 잡혀가서 고난을 당한 까닭이 자신들의 죄 때문이라는 것을 철저히 깨달았습니다. 그리고 다시는 그런 일이 일어나지 않도록 모든 지도자가 하나님 앞에 견고한 언약을 세우고 이것을 지킬 것을 맹세하기로 한 것입니다.

'견고한 언약'의 히브리어 의미는 '참으로, 반드시, 신실하게 지키겠습니다'라는 맹세입니다. 이 맹세는 사람이 아닌 전능하신 하나님 앞에서의 맹세입니다. 성경에는 하나님 앞에서 인간이 하는 언약과 맹세가 여럿 등장합니다. 처음에 하나님이 이스라엘을 부르실 때도 언약을 선포하셨습니다. 그러므로 '나 같은 인간이 하나님께 무슨 맹세를 하고 언약을 하나'라고 생각하면 안 됩니다.

물론 연약한 인간은 맹세와 언약을 다 지킬 수 없습니다. 그렇지만 중요한 것은 하나님이 그 언약과 맹세를 이끌어 가신다는 것입니다. 하나님은 애초에 인간이 맹세와 언약을 지킬 수 없다는 것을 아셨습니다. 그렇기 때문에 나의 공로나 업적이 아닌 하나님의 은혜와 사랑으로 구원을 받게 하셨습니다. 하지만 망각의 동물인 인간은 이 은혜와 사랑마저 잊을 때가 많습니다. 그래서 할 수 있다면 받은 은혜를 글로 남기는 것이 좋습니다. 잊지 않으려고 노력해야 하는 것입니다.

이스라엘 백성도 에스라의 설교를 통해 기록된 역사를 되돌아봄으로 자신들이 얼마나 쉽게 하나님을 배역하고 은혜를 망각했는가를 깨달았습니다. 그래서 그들은 '어떻게 살겠다'는 구체적인 행동 강령을 만들어서 인봉하기에 이르렀습니다.

본문 말씀에서는 그 인봉한 자들의 이름이 선포됩니다. 느헤미야를 시작으로 제사장 22명, 레위인 17명, 행정 지도자인 백성의 두목 44명까지 다 합쳐 총 84명이 이 서약에 동참하고 맹세하고 사인했습니다. 지도자들은 그 언약의 내용을 선포했습니다. 이들의 각오는 실로 비장했습니다. 이것은 "다 그들의 형제 귀족들을 따라 저주로 맹세하기를"(느 10:29)이라는 구절을 통해 확인할 수 있습니다. 이 말은 이 언약을 어기면 저주를 받아도 좋다는 뜻입니다. 그만큼 이스라엘 백성은 자신들의 죄에 진절머리가 나 있는 상태였습니다.

때로는 죄로 인한 고난과 고통도 이처럼 인생을 역전시키는 귀한 약이 됩니다. 그들은 더는 과거처럼 살고 싶지 않았습니다. 하나님 안에서 기쁘고 즐겁고 능력 있게 살고 싶었던 것입니다. 그들은 진정으로 '하나님의 자녀로서 어떻게 살아야 하는가'를 결단하고 그것을 실천하고 싶었습니다.

그렇다면 은혜받고 회개하며 하나님의 사랑을 깨달은 후에 우리는 어떻게 살아야 할까요? 진정한 회개를 한 이스라엘 백성이 내건 언약의 핵심은 세 가지인데, 이 장에서는 행동 강령의 첫 번째 키워드인 '세상과 구별되나 세상의 존경을 받는 삶'에 대해 고찰해 보겠습니다.

### 죄와 구별된 삶

이스라엘 백성은 '어떻게 살 것인가'에 대한 구체적인 실천 방안을 모색했습니다.

"그 남은 백성과 제사장들과 레위 사람들과 문지기들과 노래하는 자들과 느디님 사람들과 및 이방 사람과 절교하고 하나님의 율법을 준행하는 모든 자와 그들의 아내와 그들의 자녀들 곧 지식과 총명이 있는 자들은 다 그들의 형제 귀족들을 따라 저주로 맹세하기를 우리가 하나님의 종 모세를 통하여 주신 하나님의 율법을 따라 우리 주 여호와의 모든 계명과 규례와 율례를 지켜 행하여 우리의 딸들을 이 땅 백성에게 주지 아니하고 우리의 아들들을 위하여 그들의 딸들을 데려오지 아니하며"(느 10:28-30).

이스라엘 백성은 마음으로만 회개하거나 '어떻게 살 것인가'에 대한 결단을 두루뭉술하게 하지 않았습니다. 그들의 삶에 무엇이 잘못되었고, 역사적으로 민족이 왜 멸망을 당했어야 했고, 왜 더 이상 예루살렘에서 예배를 드릴 수 없는지를 하나님의 말씀과 역사를 통해 깨달았기 때문입니다. 그래서 그들은 결단했습니다. 그중 한 가지가 바로 구별됨이었습니다. 그 구별됨의 실천 방안은 느헤미야 10장 30절에 등장합니다.

"우리의 딸들을 이 땅 백성에게 주지 아니하고 우리의 아들들을 위하여 그들의 딸들을 데려오지 아니하며"(느 10:30).

즉 '이방인들과의 혼인을 금지하는 것'입니다. 거룩의 첫 번째 특성은 죄와 구별되는 것입니다. 우리는 세상 한복판에서 살고 있습니다. 그리스도인은 산꼭대기에 위치한 수도원에서 세상의 문화와 동떨어져 살아가는 존재가 아닙니다. 물론 어느 면에서는 수도원 운동이 필요하기도 합니다. 그러나 객관적으로 봤을 때 그리스도인은 바벨론과 페르시아 같은 세상 한복판에서 세상 문화 안에서 살고 있습니다. 그렇지만 세상에 속하지 않은 사람으로서 살아가야 하는 삶의 딜레마를 안고 살아갑니다.

이스라엘 백성도 마찬가지였습니다. 그들의 가장 근본적인 문제는 세상을 사랑하는 것이었습니다. 특히 이스라엘 민족은 신명기 7장에 명시된 "이방인들과 혼인하지 말라"는 하나님의 말씀을 무시했습니다. 그들은 가나안 정복 후 가나안 여자들의 아름다움을 보고 그들과 통혼을 했습니다. 이처럼 세상적인 승리가 곧 그리스도인으로서의 승리는 아닙니다. 땅은 정복했으나 하나님의 명령은 저버렸기 때문입니다.

당시의 문화는 그 자체가 종교였고, 문화 자체가 종교의 산물이었습니다. 그래서 결혼은 단순한 일이 아니었습니다. 결혼을 한다는 것은 곧 상대방의 문화를 받아들이겠다는 뜻이었습니다.

그런데 이스라엘 백성은 통혼함으로써 바알과 아세라 신을 함께 받아들였습니다. 하나님도 믿고, 바알도 믿으며 자신들이 취하고 싶은 유익만 취하는 일종의 혼합 사상을 갖게 된 것입니다. 살아 계신 여호와 하나님을 믿는 사람과 당시 성적, 도덕적으로 가장 타락한 문화를 형성한 바알을 섬기는 사람이 함께 행복하게 살아가기란 불가능한 일이었습니다. 하나님은 이스라엘 백성이 가나안에 들어가기 전부터 이에 대해 말씀하셨습니다.

"너는 삼가 그 땅의 주민과 언약을 세우지 말지니 이는 그들이 모든 신을 음란하게 섬기며 그들의 신들에게 제물을 드리고 너를 청하면 네가 그 제물을 먹을까 함이며 또 네가 그들의 딸들을 네 아들들의 아내로 삼음으로 그들의 딸들이 그들의 신들을 음란하게 섬기며 네 아들에게 그들의 신들을 음란하게 섬기게 할까 함이니라"(출 34:15-16).

이 말씀에는 하나님의 염려가 담겨 있습니다. 하나님이 우리의 미래를 아시기에 경고하고 예언해 주시는 것입니다. 우리는 미래를 알고 싶어 합니다. 이때 축복뿐 아니라 미래에 있을 문제도 알기 원해야 합니다. 그래서 하나님이 이 부분을 말씀해 주셨습니다. "내가 가장 싫어하는 죄는 우상 숭배다"라고 말입니다. 우상 숭배는 하나님 외에 다른 것을 더 사랑하는 것입니다. 이것은 영적인 간음입니다.

그런데 가나안에는 이런 문화가 강력하게 존재하고 있었습니다. 당시 이스라엘 남자들의 현실적인 고민은 이러했습니다. 광야 생활 40년을 마치고 드디어 여자다운 여자를 가나안 땅에 도착해서 본 것입니다.

광야 생활은 유목민 생활이자 방랑 생활이어서 정착할 수 없었고, 물질도 자원도 풍부하지 않았습니다. 화장품이나 좋은 옷이 어디 있겠습니까? 향수는 꿈도 꿀 수 없고, 목욕조차 자주 할 수 없었을 것입니다. 그러니까 자연스럽게 가나안을 정복한 히브리 남자들의 눈에 가나안 여인들이 들어올 수밖에 없었습니다. 그녀들은 매력적인 옷을 입고, 화장을 예쁘게 하고, 안정된 생활을 해왔기에 충분히 매혹적이었습니다.

이에 하나님은 가나안 정복 후에도 여호수아를 통해 다시 한번 통혼에 대해 경고하셨습니다.

"너희가 만일 돌아서서 너희 중에 남아 있는 이 민족들을 가까이하여 더불어 혼인하며 서로 왕래하면 확실히 알라 너희의 하나님 여호와께서 이 민족들을 너희 목전에서 다시는 쫓아내지 아니하시리니 그들이 너희에

> 게 올무가 되며 덫이 되며 너희의 옆구리에 채찍이 되며 너희의 눈에 가시가 되어서 너희가 마침내 너희의 하나님 여호와께서 너희에게 주신 이 아름다운 땅에서 멸하리라"(수 23:12-13).

이처럼 하나님은 우리 인생에 빨간 신호가 들어오기 전에 여러 번 경고하십니다. 불순종은 그 경고를 무시하고 자신의 정욕을 따라 달려가는 것입니다.

이 말씀은 단순히 믿는 자와 믿지 않는 자의 결혼에 관한 이야기만은 아닙니다. 결혼 이후 가정생활까지 확장될 문제에 대한 경고입니다. 가나안의 가치관은 '내가 인생의 주인이다'이며, 그 중심에는 쾌락과 탐욕이 있습니다. 영적으로 서로 다른 가치관을 가진 사람들이 가정을 이루면 그 가정에는 불화가 끊이지 않을 것입니다. 그 가정은 행복한 날보다는 불행한 날이 더 많은 생지옥이 될 수 있습니다. 정말로 신앙생활을 열심히 하고 하나님을 사랑하는 사람이라면 분명히 영적으로 부딪히게 됩니다.

결혼은 두 사람의 진정한 사랑이 있어야 가능합니다. 그리고 그 사랑은 인간을 향한 온전한 사랑을 보여 주신 하나님의 축복으로부터 출발합니다. 모든 것이 준비되어도 이 두 가지가 준비되지 않으면 결혼생활은 곧 지옥으로 변할 수 있습니다. 그러나 다른 것이 부족해도 이 두 가지가 준비되어 있으면 세상의 고난을 이겨 나갈 수 있습니다. 두 사람의 사랑과 하나님의 사랑이 거룩을 만들어 내기 때문입니다.

## 기댈 수 있는 삶

'거룩'의 또 하나의 뜻은 '결점이나 흠이 없다'입니다. 그래서 히브리어로는 '무엇과 구별되다'라는 뜻을 갖습니다. 이런 이유로 때로는 거룩에 대해 오해를 하곤 합니다. 거룩을 '내가 너무 깨끗해서 다른 사람이 나에게 접근하지 못하게 하는 것'이라고 생각해서는 안 됩니다.

예수님을 생각해 보십시오. 거룩하신 하나님의 아들은 우리와 차원이 다른, 근본적으로 구별된 존재십니다. 그런데 그 거룩하신 하나님의 아들 예수님이 이 땅에 오셔서 죄인들과 함께하셨습니다. 오죽하면 예수님을 정죄하고 증오하며 죽이기를 원했던 유대 지도자들이 예수님의 별명을 '죄인들의 친구'라고 붙여 주었겠습니까? 예수님은 가장 낮은 자들, 억눌린 자들 가운데 오셨습니다. 이처럼 예수님은 세상 가운데 치열하게 계셨지만, 세상에 속하지 않는 거룩함이 있었습니다.

또한 아이러니하게도 죄인들이 가장 거룩하신 분인 예수님을 좋아했습니다. 신분의 높고 낮음을 떠나서 자신이 죄인이라고 생각하는 사람은 다 예수님을 좋아하고 따랐습니다. 산헤드린 공회의 회원인 니고데모나 세리 마태, 여리고성의 삭개오나 로마의 백부장, 이방 여인인 수로보니게 여인도 예수님을 좋아했습니다. 자신이 부족하고 한계가 있다고 생각하는 사람들은 예수님을 따르고자 했습니다. 예수 그리스도의 사랑을 보았기 때문입니다.

지금 예루살렘을 다시 세우기 위해서는 삶에서 거룩에 대한 회복이 필요했습니다. 이스라엘 백성이 세상의 조롱거리가 된 이유는 그들이 세상 가운데 있으면서 하나님의 백성으로서의 빛을 잃었기 때문입니다. 오히려 세상보다 더 타락하고, 세상보다 더 나쁜 방법으로 교묘하게 하나님을 속였기 때문입니다.

이것을 현대에 적용하면 교회 안에서의 타락이라고 할 수 있습니다. 죽음의 고통 가운데서 신음하는 사람들에게 다가갈 생각을 전혀 하지 않고, 어느덧 바리새인적인 전통에 물들어 내 곁에 작은 자로 오신 예수님을 몰라보고 핍박하고 있기 때문입니다. '돌탕'(돌아온 탕자)이 아니라, '집탕'(집 안의 탕자)으로 살아가고 있습니다.

세상은 존경하고 기댈 대상을 찾습니다. 이것이 세상의 역설입니다. 그리스도인을 미워하면서도 거룩을 찾기 원합니다. 내가 거룩하지 않기 때문에 내가 기댈 수 있는 곳을 찾는 것이 세상입니다. 세상이 방향을 잃고 헤맬 때 무엇인가 이정표가 필요하기 때문입니다. 세상은 예수님같이 거룩해서 세상과 구분되지만, 그럼에도 세상 한복판에 살아가는 친구를 필요로 합니다. 세상 사람들은 그리스도인들에게서 이런 것들을 보기 원합니다.

'열심히 살다가 갑자기 암에 걸렸는데, 내 친구인 그리스도인은 과연 내 입장이라면 어떻게 행동할까?'
'가족들을 먹여 살리기 위해서 직장에 성실히 다녔는데 예고 없이 해고 통지가 날아왔는데, 내가 아는 그리스도인 친구는 그런 상황에서 어떻게 이겨 나가는가? 그가 믿는 하나님은 어떻게 말씀하시는가?'
'정말 사랑하는 사람과 사별하면 그리스도인들은 어떻게 살아가는가?'

절망스러운 상황 가운데 인생이 정박하게 되면 하나님을 모르는 사람들은 때때로 하나님의 사람들 안에서 해답을 찾기 원합니다.

　이스라엘 백성을 바라보는 모든 주변 민족의 시선도 이와 같았을 것입니다. 시기도 하고 미워하면서도 한편으론 '과연 히브리 민족이 나라도 군사도 없이 저 광야 생활을 어떻게 펼쳐 나갈 것인가'를 주시하지 않겠습니까? 이스라엘의 하나님이 강대국인 이집트를 꼼짝 못 하게 하고, 홍해를 가르는 기적으로 이스라엘 백성을 출애굽시킨 후 광야에서 만나와 메추라기로 먹이셨다는 소문이 이미 가나안 족속에게 파다하게 퍼져 있었습니다. 그렇다면 그런 하나님을 섬기는 이스라엘 백성은 우리와 어떻게 다른지 궁금해하며 그들의 여정에 주목하지 않겠습니까?

> 진정한 회개는 '어떻게 살 것인가'라는 삶의 방향을 견인한다. 하나님은 우리가 거룩을 추구하면서도 이웃을 품어 내는 삶을 살기 원하신다.

#### 적용 질문

1. 하나님께 다짐하고 맹세한 나만의 '견고한 언약'이 있습니까?
2. 한 번이라도 더 누군가를 사랑하기 위해 어떤 노력을 했습니까?
3. "당신 때문에 예수님을 믿어 보렵니다"라는 말을 들어 본 적이 있습니까?

# 세상에 살지만
# 하나님의 시간을 사는 삶

_느 10:31

●

"혹시 이 땅 백성이 안식일에 물품이나 온갖 곡물을 가져다가 팔려고 할지라도 우리가 안식일이나 성일에는 그들에게서 사지 않겠고 일곱째 해마다 땅을 쉬게 하고 모든 빚을 탕감하리라 하였고"(느 10:31).

우리는 코로나 팬데믹으로 인해 이전에 전혀 경험하지 못했던 상황 속에서 살았습니다. 많게는 1년 반 이상 교회에 나오지 못한 성도들이 있습니다. 또한 대학교에 입학했지만, 현장 수업을 한 번도 하지 못해 학교생활을 경험하지 못하거나 친구를 사귀지 못한 학생도 있습니다. 미취학 아이들은 예배는 집에서 TV로만 드리는 것으로 생각한다는 이야기도 들었습니다. 그렇다면 지난 시간은 우리에게 잃어버린 시간일까요?

헬라어에는 '시간'을 가리키는 두 가지 단어가 있습니다. 하나는 '크로노스'(chronos)이고, 다른 하나는 '카이로스'(kairos)입니다. 먼저, 크로노스란 우리가 흔히 알고 있는 물리적, 객관적 시간을 뜻합니다. 가만히 있어도 흘러가는 일반적인 시간입니다. '연대기'를 뜻하는 'chronicle'이라는 영어 단어가 여기서 파생되었습니다. 이 시간은 다시 돌아오지 않습니다. 오늘 아침 7시는 다시 반복될 수 없는 시간입니다. 모든 사람에게는 매일 아침 1,440분이 주어지지만, 그 시간은 다시 돌아오지 않습니다.

또 다른 시간의 개념은 '카이로스'입니다. 이 시간은 주로 성경의 시간으로, '질적 시간'을 뜻합니다. 성경에는 '세월', '때'(season), '기회'(opportunity)라는 단어가 등장하곤 합니다. 특별히 성경의 이야기 속에는 종종 '마침 그때에'라는 표현이 나오는데, 이것이 바로 하나님이 준비하신 때를 알려 주는 표현입니다.

그러니까 우리의 삶 가운데서 수많은 크로노스의 시간이 지나가지만, 우리의 심령과 마음속에 새겨지고 기억되는 시간은 카이로스의 시간입니다. 인생은 모두에게 크로노스의 시간으로 주어지지만, 어김없이 지나가는 이 시간에 어떤 의미를 부여하며 살아가느냐에 따라 그 인생은 완전히 달라집니다. 같은 시간이지만, 영원한 것에 투자하는 시간이 있고 허비하는 시간이 있기 때문입니다.

주전 444년, 무너진 성벽을 재건하고 수문 앞 광장에 모인 이스라엘 백성은 그들이 지나왔던 크로노스의 시간을 회개했습니다. 조상들의 죄와 현재 삶에서 잘못된 부분들도 회개했습니다. 그리고 그들은 모든 자녀와 함께 수백 년 혹은 1,000년 동안 지키지 못했던 초막절을 지키며, 비록 잘못 지나온 크로노스의 시간이지만 그것을 의미 있는 카이로스의 시간으로 바꾸고자 노력했습니다. 그리고 모든 리더가 하나님 앞에 모여서 언약서를 만들었습니다. 동시에 그 언약서에 맹세하는 것에 그치지 않고, 삶에서 행동하기를 원했습니다.

그러자 그들에게는 한 가지 풀어야 할 숙제가 생겼습니다. 그것은 '이제 어떻게 살 것인가'라는 문제였습니다. 이 질문 앞에서 그들이 가장 먼저 결심한 것은 그들의 삶에 가장 근본적인 우상 숭배의 문제를 야기했던 이방인과의 결혼을 금하는 것이었습니다. 하나님이 금지하신 이방인과의 결혼을 통해 하나님의 백성 된 삶이 변형되고 타락했다는 것을 깨달았기 때문입니다.

이제 그들은 두 번째 행동 강령을 선포합니다. 이 행동 강령은 '세상이라는 크로노스 시간에 살지만 어떻게 하나님의 사람들로서 카이로스의 삶을 회복할 것인가?'라는 고민에서 출발합니다. 그렇다면 어떻게 세상에서 살면서 하나님의 시간을 선포하는 삶을 살 수 있을까요?

## 안식일을 지키며 예배하는 삶

포로 생활 가운데 이스라엘 백성이 이방 여인들과 결혼하면서 까맣게 잊고 있었던 하나님의 명령은 십계명 중 제4계명이었습니다. 즉 "안식일을 기억하여 거룩하게 지키라"(출 20:8)라는 명령입니다. 당시 이스라엘 백성은 안식일을 지킬 수 있는 선택권이 주어지더라도 손해를 보지 않기 위해 이방인들처럼 장사하는 쪽을 선택했습니다. 이 사실을 깨달은 이스라엘 공동체는 비록 이방인들이 물건을 판다고 할지라도 이제 자신들은 그 물건을 안식일에는 절대 사지 않겠다고 맹세했습니다.

> "혹시 이 땅 백성이 안식일에 물품이나 온갖 곡물을 가져다가 팔려고 할지라도 우리가 안식일이나 성일에는 그들에게서 사지 않겠고 일곱째 해마다 땅을 쉬게 하고 모든 빚을 탕감하리라 하였고"(느 10:31).

어떻게 보면 이스라엘 공동체가 안식일을 지키는 것보다 오늘을 살아가는 현대인이 안식일을 지키는 것이 더 어려울지 모릅니다. 그럼에도 주일을 지키는 근본적인 이유는 무엇일까요?

첫째, 하나님이 내 삶의 가장 최우선이시라는 중요한 고백이기 때문입니다. 둘째, 주일은 세상의 모든 시끄러운 소리를 뒤로하고 하나님께 시야를 고정하는 시간이기 때문입니다. 셋째, 그 시간은 무엇보다 나의 가장 귀한 것을 하나님께 드리는 시간이기 때문입니다. 이처럼 귀중한 시간을 놓친다면, 그것은 하나님의 명령을 어기는 것 이전에 내가 하나님의 사람으로서 영적으로 죽어 가는 지름길에 들어서는 것과 같습니다.

모든 일을 뒤로하고 주일을 지키는 것은 하나님이 내 삶의 주인이 되심을 고백하는 신앙고백입니다. 왜 그럴까요? 본문 말씀은 이스라엘 백성이 기억했던 카이로스의 언약으로 출애굽기에서 출발합니다.

"안식일을 기억하여 거룩하게 지키라 엿새 동안은 힘써 네 모든 일을 행할 것이나 일곱째 날은 네 하나님 여호와의 안식일인즉 너나 네 아들이나 네 딸이나 네 남종이나 네 여종이나 네 가축이나 네 문안에 머무는 객이라도 아무 일도 하지 말라"(출 20:8-10).

우리는 많은 순간 안식일을 수동적으로 지키는 것으로만 기억합니다. 그러나 이 말씀을 주의 깊게 보면 하나님은 먼저 "안식일을 기억하라"고 말씀하셨습니다. 하나님이 성경에서 무엇을 "기억하라"고 하시는 말씀은 "우리의 마음에 새기라"는 뜻입니다. 즉 습관이 된 억지로 하는 의무가 아니라, 기쁨으로 지키라는 의미입니다. 이어서 하나님은 "거룩하게 지키라"고 말씀하셨습니다. 그 이유는 11절이 설명하고 있습니다.

"이는 엿새 동안에 나 여호와가 하늘과 땅과 바다와 그 가운데 모든 것을 만들고 일곱째 날에 쉬었음이라 그러므로 나 여호와가 안식일을 복되게 하여 그날을 거룩하게 하였느니라"(출 20:11).

하나님은 천지를 창조하며 일하셨고 일곱째 날에 쉬셨습니다. 그리고 안식한 날을 복되게 하셨습니다. 하나님은 일할 필요도 없고, 쉴 필요도 없는 분이십니다. 그런데 왜 이렇게 자세히 말씀해 놓으셨을까요? 안식일이 하나님을 예배하고, 동시에 하나님이 하나님의 자녀들인 우리를 축복하시기 위한 날이라는 것을 알려 주시기 위함입니다.

이스라엘 백성이 출애굽하고 광야에서 받았던 하나님의 율법의 핵심은 '거룩'입니다. 거룩은 세상에 살지만 세상과는 구별된 삶을 사는 것을 말합니다. 하나님은 우리가 엿새 동안 힘써 세상에서 최선을 다해 살다가 7일 중에 하루는 거룩하게 구별하여 하나님께 예배드리기를 원하십니다.

사실 우리의 육신은 적당한 쉼이 필요합니다. 기계처럼 쉬지 않고 일한다면, 언젠가는 몸에 빨간 신호가 들어오기 마련입니다. 그런 경고를 무시하면 이내 모든 몸의 기능이 멈춰 버릴 수 있습니다. 그래서 하나님은 우리를 만드실 때 쉼을 보여 주면서 만드셨습니다.

그렇다면 참다운 안식은 무엇일까요? 단순히 아무것도 안 하고 노는 오락을 말하는 것일까요? 예수님은 "인자는 안식일의 주인이니라"(마 12:8)라고 하셨습니다. 즉 안식일에는 분명한 목적과 방향이 있습니다. 안식일의 주인이 예수님이시라면 우리가 안식하는 목적은 참 하나님께 예배를 드리는 데 있음을 잊지 말아야 합니다.

안식일을 거룩하게 지킨 믿음의 선배가 있습니다. 바로 영국 육상 대표인 에릭 리들(Eric Liddle)입니다. 그는 옥스퍼드에 재학 중인 독실한 그리스도인이자 1924년 파리올림픽 100미터 경기에서 가장 강력한 금메달 후보였습니다. 그는 영국 국민의 기대를 한 몸에 안고 올림픽에 나갔지만 주 종목인 100미터 경기 출전을 거부했습니다. 그 이유는 주일에 경기가 열리기 때문이었습니다.

주일 예배를 드리기 위해 경기를 할 수 없다는 에릭에게 영국 국민과 매스컴은 분노했고 옹졸한 신앙인이라며 맹비난을 퍼부었습니다. 그러나 그는 주일이 아닌 평일에 자신의 주 종목이 아닌 400미터에 출전했습니다. 아무도 그의 우승을 점치지 못했지만, 그는 불의 전차처럼 달려 마침내 우승을 했습니다. 이 내용을 담은 영화가 바로 "불의 전차"로, 스포츠계에서 명작으로 꼽히고 있습니다. 우승을 거머쥔 에릭은 이런 명언을 남겼습니다.

"When I run, I feel God's pleasure!"(나는 달릴 때 하나님의 기쁨을 느낀다!)

에릭이 예배를 드려야 한다는 신념으로 보장된 금메달을 포기했을 때, 하나님은 그를 눈여겨보셨습니다. 그리고 그는 "달릴 때마다 나와 함께하시는 하나님의 기쁨을 느낀다"고 고백했습니다. 이 얼마나 아름다운 고백입니까! 예배를 삶의 최우선순위로 삼으니, 달리면서도 하나님의 기쁨을 느낀다니 말입니다. 에릭의 이와 같은 그리스도인의 소명관은 약 100년이 지난 지금도 회자되고 있습니다.

하나님은 우리가 즐겁게 일하기를 원하십니다. 그리고 하나님은 하나님을 존중하는 사람에게 그분의 기쁨과 상급을 보장하십니다.

"만일 안식일에 네 발을 금하여 내 성일에 오락을 행하지 아니하고 안식일을 일컬어 즐거운 날이라, 여호와의 성일을 존귀한 날이라 하여 이를 존귀하게 여기고 네 길로 행하지 아니하며 네 오락을 구하지 아니하며 사사로운 말을 하지 아니하면 네가 여호와 안에서 즐거움을 얻을 것이라 내가 너를 땅의 높은 곳에 올리고 네 조상 야곱의 기업으로 기르리라 여호와의 입의 말씀이니라"(사 58:13-14).

이 말씀으로 인해 간혹 안식일에 대해 오해하는 분들이 있습니다. 안식일의 참된 목적은 어떤 일을 금하는 데 있는 것이 아닙니다. 안식일의 목적은 적극적으로 하나님을 경배하고 예배하며 하나님 나라 공동체를 섬기는 데 있습니다. 느헤미야 공동체는 그 안식일을 기억하고 지킴으로써 거룩한 공동체로 구별되기를 다짐한 것입니다.

하나님은 6일 동안 천지를 창조하고 7일째에 안식하셨습니다. 하나님이 힘이 들어 쉬신 것이 아닙니다. 그 7일째가 하나님과 우리를 위한 시간임을 보여 주고자 쉬신 것입니다. 그러므로 일주일에 하루를 하나님께 드리며 예배하는 것은 시간 낭비가 아니라, 내 영이 회복하는 시간입니다. 동시에 시간의 십일조를 드리는 것입니다. 주일 예배를 온전히 드림으로써 일주일에 하루만이 아니라, 하루 24시간이 다 하나님께로부터 온 것임을 고백하는 것입니다.

현실적으로 주일에 일을 하는 분들이 있습니다. 출장을 가는 분들도 있고, 수험생들도 제시간에 예배를 드리지 못합니다. 이런 분들은 주일 예배 시간을 지키지 못할 수 있습니다. 그런 우리에게 하나님은 문명의 이기를 주셨습니다. 지나간 크로노스의 시간을 카이로스의 시간으로 되돌리려면 영상으로라도 진정성 있게 예배를 드리십시오. 하나님은 일터에서 드리는 예배도, 교도소에서 드리는 예배도, 병실에서 드리는 예배도 받으십니다. 주일을 시간적, 율법적으로 지키는 것이 중요한 것이 아닙니다. 예배를 통해 하나님을 만나고 그분을 기뻐하는 것이 중요합니다.

## 이웃을 돕는 삶

느헤미야 공동체의 두 번째 행동 강령은 안식년에 관한 다짐입니다.

"혹시 이 땅 백성이 안식일에 물품이나 온갖 곡물을 가져다가 팔려고 할지라도 우리가 안식일이나 성일에는 그들에게서 사지 않겠고 일곱째 해마다 땅을 쉬게 하고 모든 빚을 탕감하리라 하였고"(느 10:31).

안식년을 성수하는 것은 은혜를 실천하는 삶입니다. 출애굽기를 보면, 하나님은 이스라엘 백성에게 7년에 한 번씩 쉬게 하셨습니다. 또한 7년째에는 땅도 경작하지 말라고 명하셨습니다(출 23:11). 당시는 농경 사회였기에 하나님의 이러한 명령은 정말 큰 믿음의 도전이었습니다. 안식년이 오기 전에는 큰 풍년이 들도록 기도해서 2년 동안 먹어야 했습니다. 이 계명을 지키려면 하나님을 완전히 신뢰해야 했습니다.

그리고 안식년은 하나님의 주권을 온전히 경험하는 시간이었습니다. 하나님은 이 시간을 통해 공중에 나는 새도 입히시는 하나님을 경험하게 하셨습니다. 또한 그동안 저장한 음식으로 살며 하나님이 어떻게 채우시는지를 경험하게 하셨습니다. 더 나아가서 하나님은 사람들이 빚진 것도 탕감해 주라고 하셨습니다. 이 모든 명령은 노동과 삶의 무게로 지친 인간과 자연을 쉬게 하시려는 하나님의 의도입니다. 이것은 지구 환경과 우주, 인간에게 주신 굉장히 중요한 하나님의 뜻입니다.

7년씩 일곱 번, 즉 일곱 번째 안식년인 49년이 지난 다음 50년째는 희년입니다. 희년 제도는 굉장히 급진적인 결단을 필요로 합니다. 하나님이 모든 개인 사유의 땅을 반납하고, 모든 노예를 풀어 주는 해로 명하셨기 때문입니다. 실제로 이스라엘 백성이 희년을 제대로 지켰느냐에 대해서는 의견이 분분합니다. 그런데 중요한 것은 영적인 의미에서 희년은 우리가 죄에서 해방되어 하나님의 완전한 자녀가 되는 것을 뜻한다는 것입니다.

레위기 25장 33-38절에는 '땅을 무르는 법'이 나옵니다. 땅을 파는 땅의 주인은 언제든지 다시 무를 수 있는 권리를 갖고 있습니다. 즉 언제든지 땅을 다시 찾을 수 있어야 한다는 것이 계약 조건의 전제가 됩니다. 이 법에 의해 희년까지 남은 햇수를 계산해 남아 있는 돈을 내기만 하면 땅을 되찾을 수 있습니다. 이런 의미에서 7년에 한 번씩 쉬는 안식년이나 50년째인 희년은 하나님이 우리에게 베풀어 주신 은혜를 생각하며 그 은혜를 나도 이웃에게 베푸는 시간을 의미한다고 할 수 있습니다.

우리의 희년은 언제인가요? 바로 주일날 예배하는 시간이요, 이웃을 섬기는 시간입니다. 또한 희년의 확장은 어디까지입니까? 일터와 가정에서 하나님이 주시는 힘과 능력으로 사람들을 섬기는 것입니다. 레위기에는 희년의 의미가 조금 더 정확하게 나와 있습니다.

"너희는 50년째가 되는 해를 거룩한 해로 정하고 너희 땅에 사는 모든 백성에게 자유를 선포하라. 이 해는 너희가 지켜야 할 희년이다. 그러므로 만일 너희가 남의 재산을 산 것이 있으면 본 주인이나 그 후손에게 도로 돌려주어야 하며 종으로 팔려온 자도 자기 가족에게 도로 돌려보내야 한다. 50년마다 돌아오는 희년에는 파종도 하지 말고 저절로 난 것을 추수하지도 말며 손질하지 않은 포도송이를 거둬들이지도 말아라. 희년은 너희에게 거룩한 해이다. 그러므로 너희는 미리 비축해 둔 밭의 농산물만 먹어야 한다. 희년이 되면 너희는 팔려온 종이라도 자기 집으로 돌려보내고 남에게 산 재산도 본래의 주인에게 돌려주어야 한다"(레 25:10-13, 현대인의성경).

희년을 영적인 의미에서 해석하면, 죄 가운데 있는 우리에게 오신 예수 그리스도의 십자가와 부활과 재림의 날에 있을 심판의 날을 의미합니다. 인간의 모든 것이 회복되는 날이기 때문입니다. 그러므로 심판의 날은 마지막 희년이 됩니다. 그날에 우리는 모든 것을 내려놓고 하나님을 사랑한 성품만 가지고 천국에 갈 것입니다. 미가서가 이에 대한 부가 설명을 해 주는데, 즉 안식일, 예배, 희년의 진정한 의미를 알려 줍니다.

"사람들아, 여호와께서 선한 것이 무엇인지 너희에게 보이셨다. 그가 너희에게 요구하는 것은 옳은 일을 행하며 한결같은 사랑을 보이고 겸손한 마음으로 너희 하나님과 교제하며 사는 것이다"(미 6:8, 현대인의성경).

하나님은 우리가 인생을 살면서 우리의 시간 속에서 잘못된 부분들을 회복하기를 원하십니다. 하나님이 우리에게 주신 땅은 물론, 사람들과의 관계도 회복하길 바라십니다. 우리가 구원의 은혜를 누린 만큼 다른 사람들을 축복하고, 이웃을 섬기기를 원하시는 것입니다. 안식일과 안식년에는 바로 이런 의미가 깃들어 있습니다.

하나님이 주신 재물을 가지고 사랑을 실천한 이의 생애를 소개하겠습니다. 존 워너메이커(John Wanamaker)는 현대 백화점의 창시자이자 서울을 비롯한 세계 곳곳에 YMCA 건물을 세운 인물입니다. 그는 1800년대 후반에 일본, 중국, 인도, 러시아 등 세계 여러 나라에 복음을 증거하고자 YMCA 건물을 지었습니다. 그런데 그는 이처럼 많은 일을 하면서도 75년간 주일을 성수하고, 67년 동안 주일학교 교사로 헌신했습니다. 그러면서 그는 자신이 다니는 베다니교회의 어린이 주일학교가 6,027명이 출석하는 세계 최대의 학생부가 되도록 이끌었습니다.

미국 제23대 대통령 벤저민 해리슨(Benjamin Harrison)이 체신부 장관직을 제안했을 때 그가 주일성수와 주일학교 교사를 하지 못한다면 장관직을 맡지 않겠다고 했던 일화는 유명합니다. 그는 결국 워싱턴 DC에서 필라델피아까지 기차를 타고 왕복하면서 주일학교 교사직을 수행했고, 이에 대한 소문이 퍼지자 주일학교 학생의 수가 3천 명에서 6천 명이 넘어서게 된 것입니다. 베다니교회는 그의 전도와 헌신으로 당시 1만 2천 명이 출석하는 세계 최대의 장로교회가 되었습니다.

하나님의 주권을 인정하는 만큼 하나님은 우리를 축복하십니다. 예배를 드리고 이웃을 사랑으로 섬기는 것은 내 삶의 주인이 하나님이심을 인정하는 것입니다. 이러한 삶을 살 때 비로소 세상에 살지만 하나님의 시간을 선포하는 삶을 살 수 있습니다.

## 하나님의 시간으로 사는 삶

하나님의 자녀들은 모두에게 주어진 크로노스의 시간을 카이로스의 시간으로 관리하는 자들입니다. 그래서 우리는 청지기입니다. 하나님이 주신 시간이기에 그 시간을 관리하는 자로서 하나님이 주신 사명에 맞게 살아갈 때 에릭 리들이 고백한 것처럼 달리고 일하는 순간에도 하나님의 기쁨을 누릴 수 있습니다. 하나님의 기쁨이 우리 안에 충만하게 될 때 우리는 이 땅에 살고 있지만 이미 안식을 누리는 삶을 살 수 있습니다.

"일곱째 해마다 땅을 쉬게 하고 모든 빚을 탕감하리라 하였고"(느 10:31).

본문의 마지막 말씀은 이스라엘 백성이 느헤미야와 함께 하나님 앞에서 한 맹세입니다. 연약한 인간이 하나님 앞에서 "하나님이 말씀하신 안식일과 안식년을 우리가 지키겠습니다!"라고 고백하고 다짐을 한 것입니다. 그들이 이렇게 담대하게 맹세할 수 있었던 이유는 무엇일까요? 하나님이 그들의 죄를 탕감해 주셨음을 깨달았기 때문입니다. 죄는 이 세상에 쌓아 둔 어떤 재물과 인간관계로도 도저히 지울 수 없는 빚입니다. 하나님이 그 빚을 모두 탕감해 주신 것입니다. 그러니 이제부터 홀가분한 마음으로 일상을 사십시오.

지난 코로나 팬데믹 기간에 우리는 결코 시간을 낭비하지 않았습니다. 곳곳에서 예배를 드리고, 섬기고, 기도하고, 눈물로 나아온 시간들은 지나가는 크로노스의 시간이 아니요, 하나님의 마음에 기억되는 카이로스의 시간이기 때문입니다.

> 진정한 회개는 '어떻게 살 것인가'라는 삶의 방향을 견인한다. 하나님은 우리가 안식일을 지키고 이웃을 도우면서 하나님의 시간 속에서 의미 있는 카이로스의 삶을 살기 원하신다.

**적용 질문**

1. 주일을 거룩히 지키기 위해 내가 하는 가장 큰 노력은 무엇입니까?
2. 조건 없이 누군가를 용서하거나 빚을 탕감해 준 경험이 있습니까?
3. 지난 코로나 팬데믹 시간이 당신에게 어떤 카이로스의 시간이 되었습니까?

## 16

# 세상을 다스리지만
# 권리를 포기하는 삶

_느 10:32-39

"우리가 또 스스로 규례를 정하기를 해마다 각기 세겔의 삼분의 일을 수납하여 하나님의 전을 위하여 쓰게 하되 곧 진설병과 항상 드리는 소제와 항상 드리는 번제와 안식일과 초하루와 정한 절기에 쓸 것과 성물과 이스라엘을 위하는 속죄제와 우리 하나님의 전의 모든 일을 위하여 쓰게 하였고"(느 10:32-33).

추수감사절의 기원은 1620년 영국 국교도의 핍박을 피해 신앙의 자유를 찾아 나선 청교도들에게서 찾을 수 있습니다. 신앙의 자유를 위해 나라를 떠났던 그들은 당시 알려진 북아메리카인 미국에 도착했지만, 이미 절반에 가까운 사람들이 질병과 추위, 배고픔으로 사망한 상태였습니다. 그들은 슬픔 가운데 정착하게 되었고 혹독한 겨울을 보내며 1년이란 세월을 지냈습니다. 그러면서 그들은 그 땅에서 난 첫 소산물을 하나님께 드렸는데, 그것이 감사절의 기원이 되었습니다.

성경에서 현대의 추수감사절과 비슷한 절기를 찾는다면 초막절과 수장절이라고 할 수 있지만, 엄연히 따지면 그 의미가 조금 다르긴 합니다. 그러나 이제까지 인도하신 하나님의 은혜에 감사드린다는 점에서는 비슷하다고 할 수 있습니다.

140여 년 전에 나라가 멸망하는 경험을 한 남유다 백성은 초막절 절기를 지키며 하나님께 회개하고 금식하며 신앙의 참된 부흥을 경험했습니다. 그리고 그들은 모두 함께 모여 '이제 우리가 어떻게 살 것인가'를 고민하며 그들이 받은 은혜를 바탕으로 하나님께 세 가지를 언약했습니다.

첫째, 우상 숭배를 근절하기 위해 이방 사람들과의 혼인을 금했습니다. 둘째, 온전한 예배를 회복하기 위해서 안식일과 안식년 그리고 희년을 지키기로 다짐했습니다. 이 언약에는 하나님께 대한 예배는 물론이고 하나님이 주신 땅과 약자 그리고 이웃을 돌보는 삶의 예배까지 포함되어 있었습니다. 셋째 언약은 물질에 관한 것인데, 느헤미야 10장 말씀이 이 언약에 해당됩니다. 셋째 언약에 대해 좀 더 자세히 살펴보겠습니다.

## 물질에 대한 강령

물질에 대한 강령인 세 번째 언약은 앞선 두 가지 언약에 비해 구체적입니다. 다섯 가지 세부 사항을 명시하고 있기 때문입니다.

### 성전세

솔로몬이 건축한 성전이 있던 당시에는 나라가 존재했기 때문에 국고에서 돈을 마련하여 성전을 관리했습니다. 그러나 남유다의 멸망 이후 70년간의 포로기에는 성전이 파괴되어 아무것도 남아 있지 않았습니다. 이후 성벽 건축보다 앞서 스룹바벨 시대 때 성전이 완공되었지만 예전의 영광을 되찾을 수는 없었습니다. 스룹바벨 성전 건축 후 수십 년 동안 다시 건축한 성전은 제대로 운영되지 못했습니다. 가난하기도 했지만, 예배가 회복되지 못했기 때문입니다. 그러다가 느헤미야 시대에 와서 비로소 이스라엘 백성은 성벽을 재건하고 하나님께 언약하면서 다음과 같이 결심했습니다.

> "우리가 또 스스로 규례를 정하기를 해마다 각기 세겔의 삼분의 일을 수납하여 하나님의 전을 위하여 쓰게 하되"(느 10:32).

즉 성전세를 내기로 결정한 것입니다. 그들은 자기들 스스로 규례를 정하여 3분의 1세겔(약 3.8그램)을 매년 하나님께 드리겠다고 다짐했습니다. 1세겔은 당시 노동자의 4일 품삯으로, 한 달에 300만 원이 수입이라면 일 년에 40만 원 정도를 성전세로 드리기로 한 것입니다.

사실상 나라가 없어진 상태에서 성전을 운영하기란 현실적으로 매우 어려웠습니다. 압제국인 페르시아에도 세금을 내야 했기 때문입니다. 그런데도 지도자와 백성들은 성전세 내기를 기쁨으로 합의하기에 이르렀습니다. 성벽 재건을 하느라 육체적으로, 물질적으로 많이 힘들었을 그들이지만, 은혜를 깨달으니 자발적으로 헌신하고 싶은 마음이 생긴 것입니다.

### 성전세 용도

그들은 성전세의 용도도 굉장히 구체적으로 결정했는데, 그 항목과 의미를 조목조목 살펴보겠습니다.

> "곧 진설병과 항상 드리는 소제와 항상 드리는 번제와 안식일과 초하루와 정한 절기에 쓸 것과 성물과 이스라엘을 위하는 속죄제와 우리 하나님의 전의 모든 일을 위하여 쓰게 하였고"(느 10:33).

- 진설병: 안식일에 쓰기 위해 12개의 고운 가루로 떡을 만들어 하나님께 드렸다. 12개는 12지파를 상징하고, 이 떡은 생명의 양식으로 오신 예수님을 의미한다.
- 소제: 아침과 저녁, 하루에 두 번 항상 드리는 제사다. 밀가루에 감람유를 섞어 만든 떡을 드리는 것으로, 봉사와 충성을 상징한다.
- 번제: 평일에 드려지는 평번제로, 그 제물로는 어린 숫양을 아침과 저녁에 드렸다. 완전한 헌신과 순종을 의미한다.
- 안식일: 안식일의 제사는 두 마리의 숫양 및 소제와 전제로 드려졌다.
- 초하루: 매월 초하루에는 월삭제를 드렸는데, 이때 두 마리의 수송아지, 한 마리의 숫양, 일곱 마리의 어린양을 소제와 전제로 드렸다.
- 정한 절기: 히브리인이면 지켜야 하는 유월절, 오순절, 나팔절, 초막절 등을 뜻한다.

이러한 성전의 사역과 유지를 위해서 성전세가 사용되었습니다.

**성전의 불**

레위기 율법에 따르면, 번제단에는 항상 불이 꺼지지 않아야 하는데 그러려면 늘 나무가 필요했습니다.

"또 우리 제사장들과 레위 사람들과 백성들이 제비 뽑아 각기 종족대로 해마다 정한 시기에 나무를 우리 하나님의 전에 바쳐 율법에 기록한 대로 우리 하나님 여호와의 제단에 사르게 하였고"(느 10:34).

이 말씀을 보다 쉽게 이해하기 위해서는 레위기 6장의 말씀을 참고해야 합니다.

"제단 위의 불은 항상 피워 꺼지지 않게 할지니 제사장은 아침마다 나무를 그 위에서 태우고 번제물을 그 위에 벌여 놓고 화목제의 기름을 그 위에서 불사를지며 불은 끊임이 없이 제단 위에 피워 꺼지지 않게 할지니라"(레 6:12-13).

이전에는 제사장과 레위인이 번제단에 항상 불이 꺼지지 않게 했는데, 이제 돌아가면서 당번을 맡았습니다. '성전에 불이 꺼지지 않는다'는 것은 성령의 불이 우리의 삶과 심령 가운데 계속 타올라야 한다는 영적 의미를 갖습니다.

사실 코로나 팬데믹 상황에서도 예배의 불이 꺼지지 않도록 최선을 다한 분들이 많습니다. 그러나 상황적으로 예배에 많이 게을러졌음은 부인할 수 없습니다. 전보다 더 많은 열정과 정성을 다해서 예배해야 한다는 것을 우리 모두 피부로 느끼고 있습니다. 예배에 게을러진다는 것은 성전의 불, 즉 내 심령의 불이 조금씩 꺼져 간다는 뜻이 아니겠습니까? 그 불이 꺼지지 않도록 주님께 나아가야 합니다.

하나님은 그분의 자녀들이 입술의 고백뿐만 아니라 실제가 있는 자발적인 행동으로 하나님을 섬기기를 원하십니다. 구약 시대에도 그랬지만, 한 번의 예배를 드리기 위해서는 수많은 사람의 헌신과 섬김이 필요합니다. 하나님의 성전에 성령의 뜨거운 불길이 꺼지지 않도록 말입니다.

목회자가 은혜와 도전을 크게 받을 때가 있습니다. 성도들이 예수님처럼 겸손한 마음으로 누가 알아주지 않아도 섭섭함이나 불평 없이 그저 빚진 자의 심정으로 섬기는 모습을 볼 때입니다. 때로 그런 모습이 안쓰러워 보이기도 하지만 너무나도 감사한 마음이 생깁니다. 왜냐하면 그분들의 마음속에 있는 꺼지지 않는 성령의 불을 보기 때문입니다.

우리 마음이 하나님이 거하시는 장소입니다. 그렇다면 그 삶의 성전에 과연 성령의 불이 살아 있습니까? 예배에 대한 불, 섬김에 대한 불, 전도에 대한 불 등 성령의 불이 꺼지지 않도록 사십시오.

**첫 열매에 대한 헌물 규정**

본문에는 '만물', '처음', '첫 것'이라는 단어가 등장하는데, 그 의미를 살펴보겠습니다.

> "해마다 우리 토지소산의 만물과 각종 과목의 첫 열매를 여호와의 전에 드리기로 하였고 또 우리의 맏아들들과 가축의 처음 난 것과 소와 양의 처음 난 것을 율법에 기록된 대로 우리 하나님의 전으로 가져다가 우리 하나님의 전에서 섬기는 제사장들에게 주고 또 처음 익은 밀의 가루와 거제물과 각종 과목의 열매와 새 포도주와 기름을 제사장들에게로 가져다가 우리 하나님의 전의 여러 방에 두고 또 우리 산물의 십일조를 레위 사람들에게 주리라 하였나니 이 레위 사람들은 우리의 모든 성읍에서 산물의 십일조를 받는 자임이며"(느 10:35-37).

이 세 구절에 '만물', '처음', '첫 것'이라는 단어가 6회나 등장합니다. '첫 열매를 드린다'는 것은 하나님의 주권을 인정하는 행위입니다. 가장 첫 시간, 처음 수확, 첫 열매 등 무엇이든지 처음 것을 하나님께 드리는 것은 하나님이 나의 복의 근원이요, 생명의 근원이시라는 고백입니다.

우리에게는 무엇이든지 첫 경험과 첫 것이 귀중합니다. 농부가 농사를 지어 얻은 첫 곡식을 볼 때 얼마나 기쁘겠습니까. 부모에게 있어서 첫째 아이는 얼마나 큰 기쁨이겠습니까. 처음으로 하나님을 만난 날의 감격을 기억하고 있습니까? 하나님은 하나님의 주권을 인정하는 의미에서 첫 것의 기쁨을 하나님께 올려 드리길 원하십니다.

나의 주인이며 아버지이신 하나님께 쓰다 남은 것을 드린다면 하나님을 존중하지 않는 것과 마찬가지입니다. 가장 신선한 시간, 가장 귀중한 시간, 가장 처음의 것을 하나님께 드려 보십시오. 아침에 눈을 뜬 가장 첫 시간을, 첫 직장에서의 첫 성과를, 결혼 첫날을, 첫 자녀를, 무엇인가 기념이 될 만한 첫 것을 하나님께 드려 보십시오.

저희 부부는 처음 신학교에서 가르치고 받은 첫 사례를 전부 하나님께 드렸습니다. 전 사역지에서 받은 퇴직금도 다 드렸습니다. 물론 쉽지 않은 일이었지만, 그렇게 결단하고 행동할 때마다 무엇인가 전에 느끼지 못하던 큰 기쁨과 자유를 누렸습니다. 무엇보다 가장 강렬한 느낌은 '아, 내가 하나님께 속해 있구나'였습니다. 하나님은 내가 귀하다고 생각하는 것을 하나님께 드리는 자를 어떤 방식으로든 반드시 책임져 주십니다. 이런 하나님의 경륜을 경험하는 것이 신앙생활입니다.

**십일조**

물질에 대한 강령인 세 번째 언약 중 세부 사항 다섯 번째는 십일조에 관한 것입니다.

"레위 사람들이 십일조를 받을 때에는 아론의 자손 제사장 한 사람이 함께 있을 것이요 레위 사람들은 그 십일조의 십분의 일을 가져다가 우리 하나님의 전 곳간의 여러 방에 두되 곧 이스라엘 자손과 레위 자손이 거제로 드린 곡식과 새 포도주와 기름을 가져다가 성소의 그릇들을 두는 골방 곧 섬기는 제사장들과 문지기들과 노래하는 자들이 있는 골방에 둘 것이라 그리하여 우리가 우리 하나님의 전을 버려두지 아니하리라" (느 10:38-39).

십일조에 관해 설명하기 전에 우리가 반드시 짚고 넘어가야 할 것이 하나 있습니다. 하나님은 물질이나 돈이 필요한 분이 아니십니다. 물질이 없어서 우리에게 십일조에 관해 말씀하신 것이 아닙니다.

"내가 네 집에서 수소나 네 우리에서 숫염소를 가져가지 아니하리니 이는 삼림의 짐승들과 뭇 산의 가축이 다 내 것이며 산의 모든 새들도 내가 아는 것이며 들의 짐승도 내 것임이로다 내가 가령 주려도 네게 이르지 아니할 것은 세계와 거기에 충만한 것이 내 것임이로다 내가 수소의 고기를 먹으며 염소의 피를 마시겠느냐"(시 50:9-13).

하나님은 "이 세상의 모든 것이 내가 지은 것이고 내가 다스리는 것인데, 내가 무엇이 부족하겠냐"고 말씀하십니다.

그런데 이사야 1장에서는 조금 이상한 말씀을 하십니다. 각종 헌금과 제사에 질렸다고 토로하시기 때문입니다. 무조건 많이 받으면 좋아하실 것 같은 하나님이 마음이 빠진 제사와 헌금에 화를 내십니다. 말라기서

에도 비슷한 장면이 등장합니다. 말라기 시대의 이스라엘 백성은 하나님을 속였습니다. 하나님께 덜 내고 하등품을 드리고는 자랑했습니다.

우리는 이처럼 하나님을 믿는다고 하면서 하나님이 나의 속임수에 속으실 것이라고 생각하고 있지는 않습니까? 전능하신 하나님을 믿는다고 하면서 하나님이 내 속임수에 속으실 것이라는 생각 자체가 인생의 코미디입니다. 나의 부족함을 고백하고 두 렙돈이라도 드릴 수 있는 것이 살아 계신 하나님을 믿는 신앙이 아닐까요?

그런데, 무엇 때문에 물질이 필요하지 않으신 하나님이 우리에게 헌금과 제사의 제물을 요구하시는지 살펴보겠습니다.

## 물질에 담기는 마음

이 세상을 지으시고 모든 것의 주인이 되신 하나님이 우리에게 제물과 헌금을 요구하시는 이유는 다음과 같습니다.

**하나님 사랑에 대한 믿음의 표현**
예수님의 보혈로 거듭났다면 우리는 하나님의 자녀입니다. 또한 우리는 하나님께 속한 하나님의 백성입니다. 하나님은 이러한 정체성을 가진 우리의 믿음을 보기 원하십니다. 십일조와 헌금은 우리의 믿음의 표현이며, "나는 하나님의 것입니다"라는 신앙의 고백이자, "오늘 여기까지 온 것은 하나님의 은혜입니다"라는 감사의 고백입니다.

이런 고백과 함께 인간은 하나님을 영화롭게 할 수 있습니다. 거룩하고 전능하신 하나님을 인간이 영화롭게 할 수 있습니다. 죄인 된 인간이 어떻게 하나님을 영화롭게 할 수 있을까요? 이에 대한 해답을 하나님이 주셨습니다.

"감사로 제사를 드리는 자가 나를 영화롭게 하나니 그의 행위를 옳게 하는 자에게 내가 하나님의 구원을 보이리라"(시 50:23).

이 말씀은 하나님의 대답이자 하나님이 주신 약속입니다. 하나님은 '그의 행위를 옳게 하는 자에게' 구원을 보이십니다. 이것은 우리가 평생 지켜야 할 삶의 자세입니다.

수입의 10분의 1을 하나님께 드리는 것은 '내 전부가 하나님의 것'이라는 고백입니다. 그러나 '나머지 10분의 9는 내 것'이라는 생각은 10분의 1도 하나님께 동냥했다는 것과 같은 의미입니다. 하나님에 대한 사랑은 내면적으로는 마음의 자세를 통해 전달됩니다. 그러나 외형적으로는 재물과 시간과 은사라는 가시적인 행위를 통해서 표현됩니다. 그러므로 헌금과 헌신은 하나님 사랑에 대한 표현입니다.

### 이웃에 대한 사랑

헌금은 교회를 운영하는 데 쓰입니다. 이는 본문 말씀에도 드러나 있습니다. 십일조와 헌물은 하나님께 먼저 드려졌지만, 그 후 제사장과 레위인의 생계를 위해 소비되었습니다. 레위인들은 다른 지파들처럼 땅을 분배받지 못했습니다. 그래서 그들은 성전에 들어오는 헌금과 헌물로 생활했습니다. 본문 말씀은 하나님의 전의 사역을 위해서 헌금을 사용했다고 증언하고 있습니다.

이처럼 헌금은 교회의 사역을 위해, 영혼 구원을 위해, 복음을 증거하고 선교하기 위해 사용되어야 합니다. 그리고 한 걸음 더 나아가 고아와 과부와 나그네를 구제하는 데 쓰여야 합니다. 특별히 하나님은 신명기 14장 28-29절을 통해 이를 강조하셨습니다.

"매 삼 년 끝에 그해 소산의 십분의 일을 다 내어 네 성읍에 저축하여 너희 중에 분깃이나 기업이 없는 레위인과 네 성중에 거류하는 객과 및 고아와 과부들이 와서 먹고 배부르게 하라 그리하면 네 하나님 여호와께서 네 손으로 하는 범사에 네게 복을 주시리라"(신 14:28-29).

우리는 이 같은 이웃 사랑에 대한 하나님의 준엄한 말씀을 기억하고 주어진 헌금을 통해 이웃 사랑을 실천해야 합니다.

### 하나님이 가장 원하시는 마음

이웃 사랑의 실천과 많은 헌금보다 하나님이 가장 원하시는 것은 '우리의 삶 전체'입니다.

"그러므로 형제들아 내가 하나님의 모든 자비하심으로 너희를 권하노니 너희 몸을 하나님이 기뻐하시는 거룩한 산 제물로 드리라 이는 너희가 드릴 영적 예배니라"(롬 12:1).

저는 성경을 통해서 하나님이 정말 살아 계신 전능자이심을 확실하게 믿습니다. 왜냐하면 하나님은 어떤 것을 우리에게 착취해서 이득을 보고자 하는 신이 아니시기 때문입니다. 하나님께 아무리 많은 제물을 드려도 거기에 감사의 마음과 삶의 헌신이 들어가 있지 않으면 하나님은 받지 않으십니다.

이것은 가짜 신과 진짜 신을 구분하는 확실한 기준이 됩니다. 하나님은 정직함과 솔직함을 좋아하십니다. 그러나 그중에 가장 원하시는 것은 우리의 진실한 마음입니다. 진실한 우리의 삶 자체를 원하시는 것입니다. 십일조 정신은 이러한 진실한 마음의 대표적인 표현 중 하나입니다. 구약의 마지막 성경책인 말라기서 기자는 이스라엘이 멸망한 이유를 설명해 줍니다.

"사람이 어찌 하나님의 것을 도둑질하겠느냐 그러나 너희는 나의 것을 도둑질하고도 말하기를 우리가 어떻게 주의 것을 도둑질하였나이까 하는도다 이는 곧 십일조와 봉헌물이라 너희 곧 온 나라가 나의 것을 도둑질하였으므로 너희가 저주를 받았느니라 만군의 여호와가 이르노라 너희의 온전한 십일조를 창고에 들여 나의 집에 양식이 있게 하고 그것으로 나를 시험하여 내가 하늘 문을 열고 너희에게 복을 쌓을 곳이 없도록 붓지 아니하나 보라"(말 3:8-10).

느헤미야 공동체는 왜 이스라엘 백성이 하나님의 진노 가운데 멸망했는지를 깨달았습니다. 느헤미야 10장에 명기된 모든 맹세는 하나님이 다시 이야기하신 내용이 아닙니다. 그들은 가장 가난하고 열악한 환경 가운데 있었지만 자발적으로 모든 것을 다시 드렸습니다. 그리고 세상 한복판에서 '하나님의 사람들로서 어떻게 살 것인가'를 고민했습니다. 그리고 다음과 같은 결론을 내렸습니다.

- 세상과 구별되지만, 세상의 존경을 받는 삶
- 세상에 살지만, 하나님의 시간을 선포하는 삶
- 세상을 다스리지만, 권리를 포기하는 삶

우리는 주님과 함께 세상을 다스리고 싶어 합니다. 예수님의 제자들도 그러했습니다. 제자들은 예수님이 전 세계를 다스리시는 날, 자기들도 우의정과 좌의정 자리에 앉고 싶어 했습니다. 그러나 제자들은 정작 예수님의 말씀을 이해하지 못했습니다. 예수님이 십자가에서 돌아가시며 물과 피를 다 쏟으시고 부활하신 후 성령을 받고 비로소 그 다스림의 의미를 알게 되었습니다.

성경은 인간이 하나님께 다 드리지 못하는 이유를 명징하게 이야기합니다. 세상적이고, 나 중심적이며, 내 욕심 때문입니다. 예수님은 세상과 하나님을 결코 함께 섬길 수 없다고 말씀하셨습니다. 그러므로 세상을 가질 수 있다는 욕심을 포기하십시오. 그러면 세상을 다스리시는, 하늘과 땅의 모든 권세를 가지신 예수님을 구세주로 만날 수 있습니다.

본문 말씀의 거의 모든 구절에 중요하게 반복되는 말이 있습니다. 바로 '하나님의 전을 위하여'입니다. 그리고 마지막 구절은 이렇게 기록하고 있습니다.

"우리가 우리 하나님의 전을 버려두지 아니하리라"(느 10:39).

당시 이스라엘 백성은 역사적으로, 국가적으로, 가정적으로, 개인적으로 아픈 경험을 했습니다. 하나님을 버렸던 죄악 때문이었습니다. 그래서 이제 그들은 자신들의 권리를 버리기로 작정했습니다. 대신 하나님의 자녀 됨의 권리를 누리기로 결단했습니다. 세상을 다스리려면 권리를 포기해야 합니다. 바꾸어 이야기하면, 나의 권리는 포기하지만 하나님과 함께 세상을 다스리는 것입니다.

"나"라는 제목의 찬양으로 유명한 송명희 시인은 삶 가운데 많은 심리적, 경제적 어려움을 겪었습니다. 하지만 그녀가 자신의 죄를 깨닫고 모든 삶을 하나님께 드리기로 작정했을 때, 우리에게 큰 감동으로 다가오는 "나"라는 시를 쓰게 되었습니다.

나, 가진 재물 없으나
나, 남이 가진 지식 없으나
나, 남에게 있는 건강 있지 않으나
나, 남이 없는 것 있으니
나, 남이 못 본 것을 보았고
나, 남이 듣지 못한 음성 들었고
나, 남이 받지 못한 사랑 받았고
나, 남이 모르는 것 깨달았네
공평하신 하나님이
나, 남이 가진 것 나 없지만
공평하신 하나님이
나, 남이 없는 것 갖게 하셨네

우리가 가진 권리를 포기하면 우리는 하나님의 공평하심을 경험하게 됩니다. 포기한 그 마음이 예수님을 만나면 하나님이 공평하시다는 것을 깨닫게 됩니다. 그리고 비로소 이렇게 고백할 수 있게 됩니다. "맘몬으로 가득했던 세상 재산은 흔적도 없이 사라졌지만, 살아 계신 예수님을 믿게 됨에 감사합니다." 우리 모두에게 이런 고백이 있기를 바랍니다.

> 헌금은 '삶의 주인이 누구인가'에 대한 고백이자 실천이다. 창조주이신 하나님은 우리의 물질을 필요로 하지 않으시지만, 우리 삶 전체를 받길 원하신다.

### 적용 질문

1. 하나님의 주권을 인정하며 무엇이든 처음 것을 드려 본 경험이 있습니까?
2. 어떤 마음가짐으로 하나님께 헌금을 드립니까?
3. 세상과 하나님을 함께 섬기지 않기 위해 어떤 노력을 하고 있습니까?

6장

# 진정한 회복,
# 회복을 넘어 다시 부흥으로

# 거룩한 성에 거할 자 누구인가

_느 11:1-36

"백성의 지도자들은 예루살렘에 거주하였고 그 남은 백성은 제비 뽑아 십분의 일은 거룩한 성 예루살렘에서 거주하게 하고 그 십분의 구는 다른 성읍에 거주하게 하였으며 예루살렘에 거주하기를 자원하는 모든 자를 위하여 백성들이 복을 빌었느니라"(느 11:1-2).

어느 마을에 쥐가 너무 많아서 마을 주민들이 위생 문제에 봉착했습니다. 그래서 주민들은 쥐의 천적인 고양이를 몇 마리 사서 쥐를 잡게 했습니다. 결과는 성공적이었습니다. 하지만 고양이 때문에 죽어 나가는 숫자가 많아진 쥐들에게는 비상이 걸렸습니다. 쥐들은 밤새 머리를 맞대고 고민했지만 좋은 생각이 떠오르지 않았습니다. 그런데 그때, 한 마리의 쥐가 놀라운 아이디어를 내놓았습니다. 쥐들이 고양이의 공격에 속수무책인 까닭은 움직임이 워낙 조용한 고양이가 다가오는 것을 모르기 때문이니, 고양이 목에 방울을 달자는 의견이었습니다. 정말 기발한 아이디어였습니다. 이에 모두 만장일치로 박수를 쳤고 회의를 마치는 듯했습니다. 하지만 곧 문제가 있다는 것을 깨달았습니다. '과연 어떤 쥐가 고양이 목에 방울은 달 것인가?'였습니다. 아이디어는 매우 똑똑하고 혁신적이었지만 그것을 실천할 쥐는 한 마리도 없었습니다.

이처럼 우리도 삶을 살다가 고난과 위기 상황을 만나면 그것에 대해서 이야기도 하고, 의논도 하고, 아이디어도 내놓습니다. 그런데 문제는 '과연 누가 그것을 할 것인가'입니다.

## 성벽 재건, 그러나 또 하나의 위기

예루살렘 성벽이 완공되었습니다. 함께 모여 기쁨의 제사도 드리고, 회개도 하며 새로운 미래를 시작할 것을 다짐했습니다. 또한 하나님이 명령하셨지만, 그동안 지키지 못했던 규범들에 대해서도 지도자들이 자발적으로 목숨을 걸고 서약도 했습니다. 그런데 한 가지 해야 할 일이 남았습니다. 모든 것이 다 준비되었는데, 둘레가 6km나 되는 이 '예루살렘성 안에 누가 살 것인가?' 하는 문제를 풀어야 했습니다.

느헤미야 7장에 나오는 1차 정착민의 수는 턱없이 부족했습니다. 이것은 마치 교회를 아름답게 헌당했는데, 그 예배당을 채울 교인들이 없다는 이야기와 같습니다. 지금 우리의 생각에는 완공된 성벽 안에서 사는 것이 훨씬 부담이 적고 안전하다고 생각할지 모르겠습니다. 하나님께 예배드리는 성전이 있는 곳, 이스라엘의 중심지인 도시, 수많은 선지자가 언급하며 하나님의 말씀이 임하는 상징적인 도성 예루살렘! 그러나 이런 화려한 수식어 뒤에는 예루살렘에 당면한 현실이 기다리고 있었습니다.

예루살렘성은 모든 주변의 민족들로부터 다시 공격의 대상이 되었습니다. 언제든 전쟁의 위험이 따를 수 있는 장소가 예루살렘성이라는 뜻입니다. 또한 예루살렘성 안은 농사를 지을 만한 형편이 못 되었습니다. 그런 데다가 상업 도시도 아니었습니다. 가장 큰 문제는 지금 정착한 유대 지역에서 성안으로 이사를 해야 한다는 것이었습니다. 즉 안락함과 익숙함을 버리고, 안전하지 않은 곳으로 오직 믿음을 가지고 나아가야 했습니다. 한마디로 예루살렘성 안은 모든 사람이 들어가 살기를 꺼리는 가장 암울한 지역이 되었습니다.

이러한 어려운 점들을 생각했을 때, '과연 누가 예루살렘 성벽 안으로 들어가 도성을 지킬 것인가'라는 문제가 과제로 떠올랐습니다. 성벽 재건은 이스라엘 역사상 가장 중요한 일이었습니다. 이에 52일간 죽음을 불사하고 성벽을 재건했지만, 이제 그 안에 들어가서 평생을 사는 일은 모두가 외면하는 문제로 떠올랐습니다.

## 거룩한 성에 거할 세 부류

이 절체절명의 위기 상황에 세 부류의 사람들이 자의와 타의에 의해 성벽 안에 들어가 살기로 했습니다.

첫 번째 부류는 지도자들이었습니다. 이들의 이러한 모습은 솔선수범하는 리더의 모습입니다. 리더십이 평상시에는 잘 발휘되지 않을지 모릅니다. 그러나 위기 상황에서는 그 진가가 나타납니다. 어둡고 힘든 상황에서 '내가 하겠습니다'라고 나서는 사람을 진짜 섬기는 리더라고 할 수 있습니다.

두 번째 부류는 제비 뽑힌 사람들이었습니다. 성경에서 종종 사람을 선출할 때 기도하고 제비를 뽑는 것을 볼 수 있습니다. 이것은 모든 결과를 하나님의 절대 주권에 맡기는 행위입니다. 이번에도 이스라엘은 유대 인구 중에 10분의 1을 제비를 뽑아 선출했습니다. 때론 하기 싫은 일도 기쁨으로 맡아서 하는 것이 신앙입니다. 사람은 자기가 원하는 대로 놓아두면, 분명히 죄의 길로 돌아섭니다. 우리의 본성에 죄성이 남아 있기 때문입니다. 그래서 서로 잡아 주고, 의도적으로 권면하는 것이 필요합니다. 이것이 공동체와 그 안에서의 배움이 필요한 이유입니다. 오랜 전통과 공동체성 때문인지 제비에 뽑힌 10분의 1에 해당하는 사람들은 한 마디의 불평도 하지 않았습니다. 이들은 어떤 면에서 본인의 의지와 상관없이 부르심을 받은 사람들이라고 할 수 있습니다. 자원하지 않았지만, 하나님의 절대 주권에 따라온 것이기 때문입니다.

세 번째 부류는 완전히 자원한 사람들이었습니다. 사실 어떤 공동체든 기꺼이 자원하는 사람들이 있어야 그 공동체가 살아 움직일 수 있습니다. 미국을 움직이는 힘 중 하나가 자원봉사자들이라는 보고를 여러 번 본 적이 있습니다. 국력이 쇠진되지 않고 보다 적은 돈으로 나라 살림을 할 수 있는 이유는 미국이 풍부한 자원봉사자들의 힘을 갖고 있기 때문이라고 합니다. 자원에는 또 다른 사람들을 불러 모으는 눈에 보이지 않는 힘도 있습니다. 느헤미야 11장 2절을 보면 자원하는 사람들이 얼마나 위대하고 용감해 보였는지, 나머지 사람들이 자원하는 백성들을 위해 하나님께 중보기도를 합니다.

이처럼 리더들은 위기 속에서 용감하게 자원했고, 부르심을 받아 차출된 사람들은 자신들이 선택된 것을 영광으로 알았으며, 아무도 알아주지 않는 보이지 않는 곳에서 일하던 사람들도 기쁨으로 자원했습니다. 그리고 이 일을 지켜보는 모든 사람은 서로를 축복하며 중보기도를 해 주었습니다.

이것이 공동체성입니다. 이런 팀워크는 어려움을 함께 겪고 서로가 함께 웃고 울어 주며 형성됩니다. 느헤미야 11장은 이런 행동하는 사람들을 좀 더 구체화하고 있는데 다섯 부류로 나누어 기록하고 있습니다.

### 행동하는 사람들

예루살렘에 정착하기로 정한 사람들 대부분은 유다 족속과 베냐민 족속이었습니다. 유다 자손이 468명, 베냐민 자손이 928명이었습니다. 그렇다면 이제부터 이들을 다섯 부류로 나누어 그 특성을 살펴보겠습니다.

**어두운 과거를 딛고 일어난 용사들**

느헤미야 11장 14절을 보면 하나님이 이들을 '용사들'이라고 칭하고 계십니다. 하나님 나라에서는 싸움을 잘한다고 용사가 아니고, 돈이 많다고 해서 사장도 아니며, 가방끈이 길다고 해서 박사가 되지 않습니다. 이 용사들은 가진 것 하나 없이 영적인 도시 예루살렘을 지키기 위해 목숨을 걸고 하나님께 헌신한 사람들이었습니다. 이런 그들에게 하나님은 안전과 평안을 보장해 주셨습니다. 이에 그들은 약 400년 후 예수님이 오신 그날까지 예루살렘에서 평안하게 거주했습니다.

그런데 문제는 유다와 베냐민 족속의 과거였습니다. 하나님은 이들이 어려운 시기에 예루살렘 성벽을 건축하고, 건축 후에도 성읍에 거하기를 자원했기에 이들을 '용사들'이라고 칭하셨지만, 사실 유다와 베냐민은 인간적으로 볼 때 기억하고 싶지 않은 아픈 과거를 지니고 있는 지파입니다. 그 가운데 베레스가 등장합니다.

> "예루살렘에 거주한 자는 유다 자손과 베냐민 자손 몇 명이라 유다 자손 중에는 베레스 자손 아다야이니"(느 11:4).

베레스는 야곱의 넷째 아들 유다가 며느리 다말과 동침해서 낳은 쌍둥이 아들 중 둘째입니다. 참으로 부끄러운 근친상간으로 태어난 베레스 가문이 거룩한 예루살렘성에 거하는 유다의 자손으로 올라가 있습니다.

12지파 중 유다는 어떤 사람이었습니까? 이복동생인 요셉을 팔아먹고 가족을 떠나 이방 여인과 결혼한 사람입니다. 그렇게 세상에 빠져 사는 유다는 육신의 정욕을 채우기 위해 어느 날 창기와 하룻밤을 보내는데, 그 창기가 바로 변장한 자신의 며느리였습니다. 이 사실을 모른 채 며느리가 남자도 없이 임신했다고 하며 불에 태워서 죽이려고 했는데, 오히려 며느리를 임신시킨 사람이 유다 자신이라는 부끄러운 죄가 들통나고 말았습니다.

이렇게 베레스는 근친상간으로 시작된 자손이지만, 하나님은 베레스를 예수님의 족보에도 올리셨습니다.

"아브라함과 다윗의 자손 예수 그리스도의 계보라 아브라함이 이삭을 낳고 이삭은 야곱을 낳고 야곱은 유다와 그의 형제들을 낳고 유다는 다말에게서 베레스와 세라를 낳고 베레스는 헤스론을 낳고 헤스론은 람을 낳고"(마 1:1-3).

베냐민 지파는 또 어땠을까요? 이들은 12지파 중에서 가장 작은 족속이었습니다. 그런데 이들이 거룩한 도성 예루살렘에 거할 인구 중 가장 많은 수를 차지했습니다. 라헬이 야곱으로부터 임신하고 난산으로 아들을 낳고 죽어 가면서 '내 슬픔의 아들 베노니'라고 이름을 붙여 준 아이가 바로 베냐민입니다(창 35:18).

사사 시대 때 베냐민 지파는 제사장의 아내를 강간하는 참혹한 사건으로 40만 명의 이스라엘 지파들과 전쟁을 벌이다 600명만 남고 다 멸절되다시피 했습니다. 그런 베냐민 지파에서 이스라엘 초대 왕 사울이 배출되었고, 그의 아들은 다윗을 목숨보다 소중히 여긴 요나단이었습니다. 남북으로 나뉜 분단 이스라엘 상황에 남유다에게 의리를 지킨 유일한 족속이 바로 베냐민이었습니다.

이렇듯 역사는 시간이 지나 부끄러운 과거를 뒤로하고 유다와 베냐민 지파는 다시 시작하는 거룩한 도성 예루살렘에 12지파 중 가장 많은 수가 이주를 했습니다. 그런 이들을 하나님은 '용사들'이라고 부르셨습니다. 예수 그리스도의 복음 안에서 회개하고 돌아오면 하나님은 이처럼 부끄러운 가문의 역사도 영광스러운 가문의 역사로 세워 주십니다.

### 부르시면 어디든 가는 제사장 가문

예루살렘 도시 안에서도 어김없이 예배를 드려야 했기 때문에 제사장이 필요했습니다(느 11:10-14). 제사장들은 다른 사람들이 가길 꺼리는 곳에도 주저 없이 가야 합니다. 그곳에도 하나님의 말씀을 사모하며 예배 드리길 원하는 사람들이 있기 때문입니다.

오늘날에도 외면받는 예루살렘에서 교회를 개척하고 선교하는 드러나지 않은 수많은 하나님의 사람들이 있습니다. 우리는 그들을 위해 기도하고 응원해야 합니다.

### 하늘 문이 열리도록 기도하는 사람들

레위인들은 성전 밖의 모든 업무를 도맡았습니다. 이들의 일은 지금의 교회를 섬기는 직분자들의 일과 비슷했습니다. 그들은 연약한 성도들을 섬기고 돌보며 구제하는 제반 행정에 앞장섰습니다. 그중에 아삽의 자손 맛다냐에 대해서 말하는데, 그의 임무는 기도 중 감사의 말씀을 인도하는 것으로 중보기도의 리더였습니다(느 11:17). 이 중보기도와 감사의 말씀을 인도하는 것은 너무나 중요하기 때문에 성경은 이것을 강조하여 기록하고 있습니다.

### 깨어 있는 영적 파수꾼들

다음으로는 악굽과 달몬이라는 사람을 중심으로 한 172명입니다(느 11:19-21). 이 사람들은 제사장도 아니고, 레위인도 아니며, 그렇다고 행정 공무원도 아니었습니다. 이들의 역할은 성을 지키는 문지기였습니다. 뚜렷하게 드러나는 지위는 아니지만, 이들은 순번을 짜고 돌아가며 밤낮으로 예루살렘을 보호했습니다.

교회마다 이렇게 영적으로 깨어 있는 파수꾼들이 필요합니다. 그리할 때 나머지 예루살렘성 밖의 백성들이 안심하며 자기의 업무를 감당할 수 있습니다(느 11:20).

### 찬양하는 사람들과 레위인의 감독

예루살렘성 안에 회복되어야 하는 가장 중요한 것은 예배였습니다. 예배의 중요한 요소는 경배와 찬양입니다. 하나님을 믿는 성도들에게 있어 가장 큰 특권은 크신 하나님을 우리의 입술로 찬양하는 것입니다. 찬양의 특권이 회복될 때 우리에게 넘치는 기쁨이 있습니다. 그런데 느헤미야 11장에는 한 가지 독특한 부분이 있습니다. '웃시'라는 사람의 등장입니다(느 11:22). 이 사람은 모든 노래하는 레위 사람들의 감독으로서 그들이 해야 할 일들을 가르치고 이끌었습니다.

예루살렘성 안은 기도하는 사람들을 통해서 힘을 얻고, 문지기를 통해서 드나드는 사람들이 격려와 점검을 받으며, 제사장들을 통해서 예배가 회복되기 시작했습니다. 이렇듯 성경에는 레위인이든, 제사장이든, 감독이든, 성을 지키는 파수꾼이든, 다른 재주는 없지만 용감하게 성안으로 이주한 유다와 베냐민 족속이든, 모든 사람이 하나님의 카이로스 시간 속에 영원히 기록되어 있습니다. 왜냐하면 '과연 누가 이 일을 할 것인가'라는 하나님의 질문에 응답한 자들이기 때문입니다.

## 회복은 자발적 헌신으로부터

느헤미야와 이스라엘 백성은 피눈물을 흘리며 성벽을 쌓는 동안 죄의 문제, 교만의 문제, 상처의 문제, 패배 의식에 관한 문제들을 하나씩 제거했습니다. 생과 사를 오가면서 가족과 생계도 뒤로한 채 52일의 대장정을 이어 나가는 동안 그들은 이스라엘 전체가 운명 공동체라는 것을 깨달았습니다. 그러면서 다른 사람의 아픔에 공감하기 시작했습니다. 그러자 제사장, 레위인, 각 부서의 리더, 그리고 가장 밑바닥 생활을 하는 노예 신분인 느디님 사람들도 예루살렘성 안에 거주하겠노라고 자원했습니다. 하나님의 왕국인 교회는 이런 사람들의 자발적인 헌신으로 세워지고 지켜집니다.

사무엘상에는 다윗과 골리앗의 서사가 전개됩니다. 이때 소년 다윗은 아무도 하지 않는 일을 했습니다. 거인 골리앗에게 나아간 것입니다. 그는 "저 할례받지 못한 자들이 감히 하나님의 군대를 욕되게 합니까?"라며 자진해서 나아갔습니다. 양 떼나 지키라는 형들의 비난에도 불구하고 다윗은 개의치 않고 하나님의 이름으로 골리앗에게 나아갔습니다. 겨우 매끄러운 돌 다섯 개를 가지고 자기보다 몇 배나 큰 골리앗에게 향했습니다. 그때 다윗은 이렇게 외칩니다.

"다윗이 블레셋 사람에게 이르되 너는 칼과 창과 단창으로 내게 나아오거니와 나는 만군의 여호와의 이름 곧 네가 모욕하는 이스라엘 군대의 하나님의 이름으로 네게 나아가노라 오늘 여호와께서 너를 내 손에 넘기시리니 내가 너를 쳐서 네 목을 베고 블레셋 군대의 시체를 오늘 공중의 새와 땅의 들짐승에게 주어 온 땅으로 이스라엘에 하나님이 계신 줄 알게 하겠고 또 여호와의 구원하심이 칼과 창에 있지 아니함을 이 무리에게 알게 하리라 전쟁은 여호와께 속한 것인즉 그가 너희를 우리 손에 넘기시리라"(삼상 17:45-47).

느헤미야 공동체가 회복되었던 이유도 여기에 있습니다. 아무것도 갖고 있지 않았고, 패배 의식만 있었던 그들이 붙들었던 것은 오직 하나님의 이름이었습니다. 오늘날 우리가 살길도 여기에 있습니다. 이 시대의 예배와 기도의 회복을 위해 자발적으로 일어설 때 우리도 회복의 역사 한가운데서 그것을 만끽하게 될 것입니다.

하나님이 허락하실 회복의 조건은 '얼마나 경건한가, 얼마나 가치 있는 존재인가'에 있지 않다. 유다와 베냐민 지파처럼 추악하고 작을지라도 '하나님만 의지하며 자발적으로 나아가는 것' 이것이 회복의 시작이자 마침표다.

**적용 질문**

1. 성안에 살기로 결단한 부류 중 나는 어떤 부류에 속한다고 생각합니까?
2. 최근 중보기도의 제목은 무엇입니까?
3. '제가 하겠습니다'라고 자원하여 섬기기로 결단해 본 경험이 있습니까?

# 무엇으로 감사할 것인가

_느 12:1-47

●

"예루살렘 성벽을 봉헌하게 되니 각처에서 레위 사람들을 찾아 예루살렘으로 데려다가 감사하며 노래하며 제금을 치며 비파와 수금을 타며 즐거이 봉헌식을 행하려 하매"(느 12:27).

느헤미야서는 총 13장으로 구성되어 있습니다. 그중 다음과 같이 5번에 걸쳐 명단이 기록되어 있습니다.

- 3장: 예루살렘 성벽 재건 공사에 참여한 사람들의 이름
- 7장: 바벨론 포로에서 가장 먼저 스룹바벨과 함께 1차로 귀환한 자들의 이름
- 10장: 성벽 완성 후 하나님께 온전한 삶을 살기로 맹세한 대표적인 사람들의 이름
- 11장: 완공된 예루살렘 성벽 안에 들어가서 살 사람들의 가문들
- 12장: 스룹바벨과 함께 돌아온 제사장들과 레위인들의 명단

13장이라는 짧은 분량에 이렇게 많은 사람의 명단을 기록해 둔 이유가 무엇일까요? 이것은 이스라엘의 회복에 대한 하나님의 관심이라고 해석할 수 있습니다. 곧 하나님은 하나님께 충성하는 사람들과 그들의 업적을 절대 잊지 않으신다는 것입니다. 이에 우리는 사람들에게는 잊혀도 역사의 주관자이신 하나님께 잊히지 않는 인생이 되어야 합니다.

## 아직 끝나지 않은 여정

이제 이스라엘 백성은 성벽을 완성했습니다. 그들은 자발적으로 성벽의 수문 앞 광장에 모여서 에스라가 전하는 하나님의 말씀을 들었고 눈물 어린 회개와 깊은 성찰의 시간을 가졌습니다. 그리고 그들은 잃어버렸던 절기인 나팔절과 초막절을 통해 공동체의 기쁨을 경험했습니다.

그렇게 힘을 얻자, 그들은 다시 말씀을 보는 가운데 깊은 회개를 통해서 영적으로 새롭게 되는 감격을 누렸습니다. 이때 지도자들은 조상들의 죄를 반복하지 않기 위해 하나님께 언약서를 만들어 맹세하고, 이어서 성벽 안으로 들어가서 살아야 할 사람들을 선정했습니다. 이를 위해 이스라엘 백성은 제비를 뽑고, 자원자도 받았습니다. 이 모든 과정을 볼 때, 이제는 사명이 완수된 듯 보입니다. 성안에 들어가서 잘 살고, 재정비된 조직대로 움직이기만 하면 되기 때문입니다. 하지만 그들의 여정은 여기서 끝나지 않았습니다. 무엇이 남아 있었을까요?

놀랍게도 이 모든 과정을 끝낸 이스라엘 백성은 삶의 자리로 돌아가기 전에 드디어 완공된 성벽을 하나님께 봉헌하는 낙성식을 가졌습니다. 사실 이스라엘이 강대국이었을 때도 그들이 쌓아 올렸던 성벽에 대한 봉헌식을 드린 예는 없는 듯합니다. 그런데 지금 이스라엘 백성은 그동안 여기까지 인도하신 하나님의 은혜에 대한 감사의 의미로 가장 먼저 하나님께 드릴 감사의 예배를 준비하고 있습니다.

느헤미야 12장에는 '감사하다'가 6번, '즐거워하다'가 7번, '노래하다'와 '찬양하다'가 8번 반복됩니다. 이스라엘 백성이 엄청난 감사와 기쁨으로 예배의 축제를 드리고 있다는 것을 알 수 있습니다. 팬데믹 시대를 살아가는 오늘의 그리스도인들은 느헤미야 12장을 통해 이스라엘 백성이 어떻게 하나님께 감사를 드렸는가를 배울 필요가 있습니다.

## '감사'는 이렇게

성벽을 봉헌하는 이스라엘 백성의 모습을 통해 하나님께 드리는 감사의 진면목을 살펴보겠습니다.

### 자신의 삶을 드리는 감사

느헤미야 12장 1–26절에 제사장과 레위인들의 이름이 기록되어 있습니다. 느헤미야는 성벽 봉헌식을 하기 전에 이스라엘을 영적으로 이끌어가고 예배를 섬길 제사장과 레위인들의 이름을 기록했습니다. 성벽이 완공되어 성전이 안정되면 이제 규칙적으로 예배를 인도할 제사장과 레위인들이 필요하기 때문입니다.

이제 이스라엘 백성에게 성벽 봉헌식이 선포됩니다. 그때 이 일을 기다렸다는 듯이 찬양하는 레위인들이 즉각적으로 순종하여 사방에서 몰려들었습니다. 그들은 자발적으로 나아왔습니다.

"예루살렘 성벽을 봉헌하게 되니 각처에서 레위 사람들을 찾아 예루살렘으로 데려다가 감사하며 노래하며 제금을 치며 비파와 수금을 타며 즐거이 봉헌식을 행하려 하매 이에 노래하는 자들이 예루살렘 사방 들과 느도바 사람의 마을에서 모여들고 또 벧길갈과 게바와 아스마웻 들에서 모여들었으니 이 노래하는 자들은 자기들을 위하여 예루살렘 사방에 마을들을 이루었음이라"(느 12:27-29).

이처럼 레위인들이 쉽게 몰려들 수 있었던 이유 중 하나는 레위인들 스스로 예루살렘 주변에 집을 짓고 있었기 때문입니다. 마치 이런 일이 있으리라고 예상한 듯이 준비하며 살았다는 뜻입니다. 이처럼 하나님이 쓰시고자 하실 때 즉각적으로 나아가면, 하나님은 너무나 기뻐하십니다. 하나님이 말을 걸어오실 때 하나님께 달려가고 싶은 마음이 늘 준비되어 있습니까? 내가 어떻게 해야, 무엇을 해야 하나님이 기뻐하시는지를 아는 사람은 하나님과의 교제가 더 깊고 친밀해집니다. 즉각적인 순종은 하나님에 대한 사랑에서부터 시작되기 때문입니다.

우리는 예배를 드릴 때마다 "순종이 제사보다 낫다"라는 말씀을 기억해야 합니다(삼상 15:22). 이 말씀은 궁극적으로 '삶의 제사'를 뜻하는데, 삶의 예배는 내가 제물이 되어서 나 자신을 하나님께 드리는 것입니다. 그러므로 우리는 살아 있는 제물입니다. 그렇기에 예배드릴 때는 내가 죽어야 합니다. 그래야 하나님이 고치시고 새롭게 하시는 부활을 맛볼 수 있습니다. 이런 의미에서 정결 의식이 시작되었고 모여든 제사장과 레위인들은 목욕재계를 했습니다.

"제사장들과 레위 사람들이 몸을 정결하게 하고 또 백성과 성문과 성벽을 정결하게 하니라"(느 12:30).

낙성식 예배를 드리기 전에 정결 의식을 한 이유는 무엇일까요? 하나님의 백성으로서 세상의 죄와 분리되도록 몸과 마음으로부터 준비하기 위함이었습니다. 그들은 단순히 성전과 성벽을 재건하는 것뿐만 아니라 몸과 마음을 새롭게 세우고자 했습니다.

사실 모든 예식과 우리가 지켜야 하는 어떤 법칙들은 이처럼 마음이 중요합니다. 느헤미야서가 오늘날 우리에게 주는 교훈이 여기에 있습니다. 무너진 예배의 재건과 무너진 마음의 정결을 생각하게 합니다. 이것은 팬데믹 시대를 살아가는 우리에게 주시는 말씀입니다. 팬데믹 상황 가운데 예배에 게을러진 부분이 있다면, 느헤미야 공동체로부터 예배를 대하는 자세를 배워야 합니다.

하나님은 우리의 일부를 원하시는 것이 아니라, 삶 전부를 원하십니다. 이스라엘 백성은 고난을 겪을 때도 성벽을 쌓아 올리며 삶을 드리는 예배를 배워 나갔습니다. 그들은 그렇게 가장 열악한 상황에서 예배하는 방법을 배웠습니다. 그들이 감사하며 나아갈 때 그들은 자신들의 삶 전체를 하나님께 드리기를 기뻐했습니다.

**예배와 찬양을 통한 기쁨의 감사**

그리스도인은 남들이 보기에는 도저히 감사할 수 없는 환경 가운데서도 감사하는 사람이어야 합니다. 왜냐하면 그 환경을 다스리시는 분이 하나님이심을 믿기 때문입니다.

이스라엘 백성도 그렇게 녹록한 환경에서 예배를 드리는 것이 아니었습니다. 사실 인간적으로 볼 때, 살아가야 할 문제가 막막하게 남아 있었습니다. 또한 성벽을 쌓느라 탈진하여 매우 지쳐 있었습니다. 그러나 그들은 포기할 수 없었습니다. 여기서 포기한다면 진정으로 하나님을 사랑하는 것도 아니고, 축복도 경험하지 못한다는 것을 잘 알고 있었기 때문입니다. 이런 우여곡절 끝에 낙성식이 시작되자 놀라운 광경이 펼쳐졌습니다. 웃음소리가 사방에 들릴 정도로 유대 땅 전체가 축제의 도가니에 빠져든 것입니다.

> "이날에 무리가 큰 제사를 드리고 심히 즐거워하였으니 이는 하나님이 크게 즐거워하게 하셨음이라 부녀와 어린아이도 즐거워하였으므로 예루살렘이 즐거워하는 소리가 멀리 들렸느니라"(느 12:43).

환경 때문에 기뻐하거나 불평하는 사람은 아직 성숙하지는 않은 사람입니다. 성숙한 사람은 환경을 뚫고 나갈 수 있습니다. 우리는 환경을 지배할 수 있습니다. 하나님이 함께하시기에, 이스라엘 백성은 가장 힘들고 지쳐 있는 중에도 이렇게 즐거워했습니다.

이날 모든 백성이 예루살렘 성벽 위에 올랐습니다. 사실 주변의 적들은 느헤미야가 성벽을 쌓자고 백성들에게 비전을 선포할 때 비아냥거렸습니다. '그들의 건축하는 돌 성벽은 여우가 올라가도 곧 무너지리라'고 말입니다(느 4:3). 그런데 이제 수많은 백성이 여우가 올라가도 곧 무너지겠다던 그 성벽에 담대하게 올라갔습니다.

> "이에 내가 유다의 방백들을 성벽 위에 오르게 하고 또 감사 찬송하는 자의 큰 무리를 둘로 나누어 성벽 위로 대오를 지어 가게 하였는데 한 무리는 오른쪽으로 분문을 향하여 가게 하니"(느 12:31).

느헤미야는 엄청나게 웅장하고 큰 찬양팀을 두 그룹으로 나누었습니다. 그리고 성을 반대로 돌게 했습니다. 그러다가 중간에서 서로 만나 함께 성전으로 들어가며 예배를 드렸습니다. 성벽을 거닐며 노래하며 춤추는 사람들의 모습을 상상해 보십시오. 얼마나 큰 감격과 기쁨이 있었겠습니까. 마음속 깊은 곳에서부터 우러나오는 엄청난 기쁨과 감격은 그동안의 모든 아픔과 어려움을 씻어 내기에 충분했을 것입니다.

이처럼 예배에는 반드시 기쁨의 제사가 있어야 합니다. 상한 마음으로, 통회하는 심령으로 몸과 마음을 드리는 거룩한 삶의 예배를 지나면, 이제 하나님만이 우리에게 주실 수 있는 기쁨의 제사가 있는 것입니다. 십자가를 통과하면 반드시 부활의 역사가 있다는 것을 기억하십시오!

"이날에 무리가 큰 제사를 드리고 심히 즐거워하였으니 이는 하나님이 크게 즐거워하게 하셨음이라 부녀와 어린아이도 즐거워하였으므로 예루살렘이 즐거워하는 소리가 멀리 들렸느니라"(느 12:43).

이스라엘 사람들이 정말로 오랜만에 하나님께 최선을 다해 제사를 드리고 심히 즐거워했습니다. 모든 예배를 받으시는 하나님이 그들을 즐겁게 하셨기 때문입니다. 기쁨의 원천은 하나님입니다. 인간은 자기 삶의 생사화복을 다스리는 분이 하나님이시라는 것을 깨달을 때 참된 평안을 얻을 수 있습니다. 나를 웃게 만들고 즐겁게 만들고, 참된 기쁨을 주시는 주체가 바로 하나님이시라는 것을 발견하는 것이 신앙입니다. 이러한 사실을 경험할 때 비로소 참된 감사의 삶이 시작됩니다. 이처럼 느헤미야 공동체는 예배와 찬양을 통하여 기쁨의 감사를 드렸습니다.

**소유를 통한 감사**

이스라엘 백성은 아주 기뻐했습니다. 그래서 그들은 율법의 명령에 기록된 대로 제사장과 레위인들을 섬기기 위해 처음 익은 곡식과 수입의 10분의 1을 가져왔습니다. 그것은 성전 업무와 하나님의 일을 하는 제사장과 레위인들이 생활하는 데 사용되었습니다. 백성들은 이 일을 기쁨으로 여겼습니다.

"그날에 사람을 세워 곳간을 맡기고 제사장들과 레위 사람들에게 돌릴 것 곧 율법에 정한 대로 거제물과 처음 익은 것과 십일조를 모든 성읍 밭에서 거두어 이 곳간에 쌓게 하였노니 이는 유다 사람이 섬기는 제사장들과 레위 사람들로 말미암아 즐거워하기 때문이라"(느 12:44).

12장에는 '찬양', '감사', '기쁨'이라는 표현이 수없이 반복됩니다. 이 감사의 제사는 내 삶을 드리고 기쁨을 드리고, 소유를 드리는 순서도 진행됩니다. 그러니까 십일조나 헌물을 참된 기쁨 없이 드리면, 제대로 된 드림이라고 할 수 없습니다.

우리가 드리는 봉헌은 마음의 드림, 기쁨의 드림, 삶의 드림이 되어야 합니다. 이러한 드림은 이 땅에서만 하나님께 드릴 수 있는 특권입니다. 거룩하신 하나님이 이 땅의 썩어질 것을 드리는데도 그것을 받으신다는 것 자체가 감동이며 은혜입니다. 더군다나 우리의 삶 자체를 다 받길 원하시는 하나님은 진짜 살아 계신 하나님입니다.

> 진정한 감사는 '내가 하는 것'이 아닌 '하나님이 부어 주시는 기쁨'으로부터 시작된다. 기쁨의 주체이신 하나님을 바로 알 때, 삶과 소유를 드리고 예배와 찬양을 통해 감사할 수 있다.

### 적용 질문

1. 하나님의 일에 즉각적으로 순종하고 "아멘"으로 반응한 적이 있습니까?
2. 하나님을 예배하기 위해 몸과 마음을 어떻게 준비하고 있습니까?
3. 하나님께 감사하지 못한 영역은 무엇이며, 어떻게 감사를 회복할 계획입니까?

# 이제 다 같이 일어나 다시 건축합시다

_느 13:1-31

"내 하나님이여 이 일로 말미암아 나를 기억하옵소서 내 하나님의 전과 그 모든 직무를 위하여 내가 행한 선한 일을 도말하지 마옵소서"(느 13:14).

느헤미야라는 이름의 뜻은 '하나님이 위로하신다'입니다. 그는 이방 땅 페르시아에서 포로의 후손으로 태어났습니다.

주전 605년부터 바벨론이 예루살렘을 침공하고 인재들을 잡아가더니, 결국 주전 586년에 예루살렘이 멸망하고 말았습니다. 이로 인해 이스라엘 민족은 바벨론 제국의 온 사방으로 뿔뿔이 흩어졌습니다. 그때부터 140여 년이 지난 어느 날, 페르시아 왕의 보좌관을 지내던 히브리인의 후손 느헤미야에게 하나님은 예루살렘으로 가서 고통 가운데 부르짖는 백성들을 위로하고, 무너진 예루살렘을 재건하라는 거룩한 부담감을 주셨습니다.

사실 느헤미야는 예루살렘에서 태어난 것도 아니고, 포로로 잡혀갔던 1세대도 아니며, 한 세대가 지난 다음에 태어난 세대도 아닌, 적어도 100년의 시간이 지난 다음 바벨론이 멸망한 후 중동의 새로운 강자 페르시아에서 태어난 사람이었습니다.

이처럼 하나님은 나와 전혀 상관없는 것처럼 느껴지는 사명과 장소로 부르실 수도 있습니다. 그러나 느헤미야는 하나님이 슬퍼하시는 것에 애통하고, 하나님이 기뻐하시는 것에 함께 웃으며, 하나님이 관심 가지시는 것에 열정을 쏟아붓는 신앙을 소유한 사람이었습니다.

그는 죽을 각오를 하고, 당시 페르시아 왕인 아닥사스다에게 나아가 예루살렘 총독으로 갈 것을 재가받는 데 성공했고, 당시 4개월이나 걸리는 여행길에 올라 잿더미로 변한 예루살렘에 도착했습니다(스 7:9). 그리고 느헤미야는 백성들과 함께 무너진 예루살렘 성벽을 쌓는 것과 동시에, 에스라 제사장과 함께 패배 의식과 절망감에 사로잡혀 있는 백성들의 마음도 회복시키기 시작했습니다.

### 역사적인 신앙 부흥, 그 후

느헤미야와 제사장 에스라가 이끌었던 신앙 부흥은 구약성경에서 가장 놀라울 정도로 체계적이고 조직적인 운동이었습니다. 그리고 역설적으로 이 놀라운 신앙 부흥은 이스라엘이 역사적으로 가장 암울했던 시기에 일어났습니다. 외부적으로는 이스라엘의 재건을 두려워하는 수많은 대적의 전쟁 위협이 있었고, 내부적으로 기득권층들의 시기와 질투로 온갖 루머와 협박에 시달렸습니다.

가장 가까이에서 느헤미야를 도와야 할 선지자나 제사장까지도 사마리아인들과 결탁하거나 매수되어 있었습니다. 그러나 느헤미야는 환경이나 사람들의 소리를 두려워하지 않았습니다. 그는 썩고 부패한 것들을 과감히 제거하고 고쳐 나갔습니다.

느헤미야가 이스라엘 역사상 가장 어두운 시대를 부흥의 시대로 이끌

수 있었던 이유는 무엇일까요? 느헤미야 삶의 중심에는 하나님 말씀이 있었고, 말씀에 순종하며 기도하는 인생을 살았기 때문입니다. 그는 하나님의 부르심에 순종하여 페르시아의 고관직을 내려놓고 무너진 조상들의 나라 예루살렘으로 향했습니다. 느헤미야는 그렇게 하나님께 기도하며 하나님이 예루살렘에서 하시고자 하는 일이 무엇인지를 깨달았습니다. 그리고 마침내 수많은 방해와 위험 속에서도 예루살렘 유민들과 함께 140여 년이나 무너져 있었던 예루살렘 성벽을 단 52일 만에 완성하는 감격스러운 순간을 맞이하게 되었습니다.

동시에 느헤미야는 성벽을 쌓아 나가며 무너진 공동체를 다시 세워 나갔습니다. 느헤미야가 주도한 신앙 부흥의 개혁은 크게 네 가지로 나눌 수 있습니다. 이방인들과의 혼인 금지, 안식일 준수, 십일조 생활 그리고 성전의 개혁입니다.

그런데 이제 느헤미야는 다시 페르시아로 돌아가야 했습니다. 그는 아닥사스다왕 20년, 즉 주전 444년에 예루살렘 총독으로 부임하여 무려 12년을 사역했습니다. 그리고 아닥사스다왕 32년, 즉 주전 433년경에 약속한 총독의 임기가 만료되어 다시 페르시아 궁으로 돌아갔습니다. 말씀에는 '며칠 후'라고 번역되어 있지만(느 13:6), 적어도 1-2년 이상의 시간이 걸렸을 것입니다.

어느 정도의 시간이 지나 느헤미야는 예루살렘으로 다시 돌아왔습니다. 그런데 예루살렘 공동체는 하나님과 언약한 것을 잊은 채 이곳저곳에서 다시 죄의 씨앗을 독버섯처럼 키우고 있었습니다.

## 다시, 개혁

페르시아에서 돌아온 느헤미야는 과거에 있었던 예루살렘의 개혁을 다시 시작했습니다. 느헤미야 13장에는 다시 시작한 느헤미야의 개혁 네 가지 영역이 기록되어 있습니다. 이 개혁들은 뉴노멀 시대를 살아가고 있는 우리에게 몇 가지 주요한 도전을 선사합니다.

### 성전 정결: 예배

죄는 뿌리째 뽑아야 합니다. 이스라엘은 12년 동안 느헤미야의 리더십을 따랐지만 수백 년간 쌓아 왔던 지도자들의 고질병은 사라지지 않았습니다. 그 고질병은 제사장 엘리아십에게서 드러났습니다.

성전에 골방이라는 곳이 있는데 그곳에 백성들이 하나님께 드린 각종 헌금과 십일조, 또는 곡식의 헌물을 모아 두었습니다. 그리고 레위인의 생활을 돕고 성전을 운영하는 데 사용했습니다. 그런데 이런 중요한 방을 이스라엘의 대적인 암몬의 족장 도비야를 위한 방으로 만들어 준 것입니다. 도비야는 산발랏과 함께 유대 민족을 멸살시키고자 한 인물입니다. 즉 백성들의 영적인 부분을 책임져야 할 대제사장 엘리아십이 산발랏과 내통하여 산발랏의 오른팔 격인 도비야를 성전으로 끌어들인 것입니다.

페르시아에서 돌아온 느헤미야는 이 일로 큰 충격을 받습니다. 인간적인 배신감을 이루 말할 수 없었을 것입니다. 느헤미야가 성전의 모든 것을 맡길 정도로 신뢰했던 인물이 엘리아십이었기 때문입니다. 이에 느헤미야는 거룩한 분노로 도비야의 모든 물건을 다 밖으로 내어던졌습니다.

그리고 그 방을 정결하게 한 다음, 성전 기구와 제물로 바칠 곡식과 향을 다시 들여놓았습니다.

이처럼 우리도 세상의 죄와 유혹을 끊임없이 예배의 전에 들여오고 있지는 않습니까? 밖으로 던져 버려야 할 죄의 모습들을 가장 중요한 하나님을 예배하는 처소인 마음에 들이고 있지 않은지 생각해 봐야 합니다. 내가 버려야 할 도비야의 물건은 무엇입니까?

이 세상에는 두 종류의 죄인만 존재합니다. 회개하는 죄인과 회개하지 않는 죄인입니다. 회개하는 죄인은 자신의 삶에서 거룩한 예배를 방해하는 모든 것을 하나님께 가져와 불사르고자 하는 사람들입니다. 삶 전체를 드리는 것도 중요하지만 삶 가운데 숨겨 놓은 허물을 고백하는 것도 참으로 중요합니다. 내 삶 속에서 반드시 제거해야 할 죄는 무엇입니까?

**물질의 개혁: 십일조**

제사장 엘리아십이 이렇게 행동했으니 백성들의 삶은 말할 것도 없었습니다. 일단 십일조가 줄어들었습니다. 성전의 골방은 백성들이 하나님께 드린 십일조를 쌓아 두는 곳인데, 이 골방이 텅 비어 있었습니다. 십일조를 통해 성전에서 일하는 레위인들을 먹여 살려야 하는데, 백성들은 느헤미야가 돌아가자 서서히 게으름을 피우기 시작했습니다.

그러자 레위인들과 제사장들의 생계가 힘들어졌고 그들은 자신의 삶을 위해서 밭으로 일하러 나갔습니다. 제사장들과 레위인들이 먹을 것이 없어서 밭으로 세상 일을 하러 나간 것입니다.

"내가 또 알아본즉 레위 사람들이 받을 몫을 주지 아니하였으므로 그 직무를 행하는 레위 사람들과 노래하는 자들이 각각 자기 밭으로 도망하였기로"(느 13:10).

사정이 이러하니 결과적으로 성전을 돌볼 사람들이 없었습니다. 이에 성전은 또다시 방치되고 예배는 뒷전이 되며 백성들의 신앙 상태는 더욱 죄로 빠져들어 갔습니다. 이들은 불과 몇 년 전에 죽음으로 맹세하며 하나님께 언약한 백성들이었습니다. "하나님께 반드시 예배하며 헌물을 드리겠습니다. 우리가 하나님의 전을 다시는 떠나지 않겠습니다"라고 고백했던 이들이었습니다.

느헤미야는 이 일에 대해 지도자들을 불러 놓고 야단을 칩니다. 그리고 다시 골방을 채우고 레위인들을 불러 모았습니다. 그중에 믿을 만한 신실한 자들에게 책임을 맡겼습니다.

"내가 모든 민장들을 꾸짖어 이르기를 하나님의 전이 어찌하여 버린 바 되었느냐 하고 곧 레위 사람을 불러 모아 다시 제자리에 세웠더니"(느 13:11).

물질의 10분의 1을 하나님께 드리는 것은 하나님 자녀 됨의 기쁨과 감사의 고백입니다. 성경은 "각각 그 마음에 정한 대로 할 것이요 인색함으로나 억지로 하지 말지니 하나님은 즐겨 내는 자를 사랑하시느니라"(고후 9:7)라고 말합니다. 또한 첫 열매를 드림은 하나님의 주권을 인정하는 증거입니다. 첫 시간, 처음 수확, 첫 열매, 처음 것을 하나님께 드리는 것은 하나님이 나의 복의 근원이며, 생명의 근원이시라는 고백입니다.

이런 개혁이 절대 쉽지는 않습니다. 그래서 느헤미야는 기도하면서 개혁을 감당했습니다. 늘 신중하게 결단하면서도 하나님의 은혜를 잊지 않고 간구했습니다.

"내 하나님이여 이 일로 말미암아 나를 기억하옵소서 내 하나님의 전과 그 모든 직무를 위하여 내가 행한 선한 일을 도말하지 마옵소서" (느 13:14).

이 구절은 어찌 보면 '내가 선한 일을 했으니까 잘 봐주세요'라는 기도로 오해할 수 있습니다. 그러나 느헤미야의 이 기도는 사리사욕을 채우기 위한 기도가 아닙니다. 그는 하나님 말씀에 순종하여 예루살렘 땅에서 선한 일을 감당한 것을 기억해서 '하나님이 원하시는 이스라엘, 예루살렘을 이룰 수 있도록 은혜를 부어주옵소서'라고 기도하고 있는 것입니다. 그는 끝까지 이스라엘의 부흥과 개혁에 은혜를 부어 달라고 기도했습니다.

### 시간의 개혁: 안식일

느헤미야가 지적한 또 하나는 안식일에 관한 것이었습니다. 특별히 이 일에 관해 귀족들을 꾸짖었습니다. 가장 경제적으로 형편이 좋은 사람들임에도 불구하고, 오히려 사람들이 일하지 않는 안식일을 틈타 상인들을 부추기고 장사했기 때문입니다. 이처럼 욕심은 늘 더 큰 욕심을 낳습니다. 이로 인해 느헤미야는 안식일에 성문을 아예 닫아 버렸습니다. 눈앞에 보이는 작은 이득 때문에 후에 올 엄청난 축복을 놓치지 않기 위해서였습니다. 지도자는 오해를 받더라도 결국 백성들에게 무엇이 유익한가를 아는 자입니다.

이와 같은 일을 행하면서 느헤미야는 그 근거를 댔습니다. 이스라엘 민족이 하나님의 심판을 받아 망하게 된 가장 큰 요인이 안식일을 하나님께 드리지 않았기 때문이라고 말합니다.

> "너희 조상들이 이같이 행하지 아니하였느냐 그래서 우리 하나님이 이 모든 재앙을 우리와 이 성읍에 내리신 것이 아니냐 그럼에도 불구하고 너희가 안식일을 범하여 진노가 이스라엘에게 더욱 심하게 임하도록 하는도다 하고"(느 13:18).

여행 중에라도 가까운 교회를 찾고, 작고 연약한 교회를 위해서 헌금을 드리십시오. '하나님이 나를 이곳에 파송하셨구나' 하는 섬김의 마음으로 드리십시오. 요즘은 주일에도 일을 해야 하는 상황이 많습니다. 그럼에도 주일을 지키는 근본적인 이유는 주일성수가 '하나님이 삶에 최우선'이라는 중요한 고백이기 때문입니다.

주일은 세상의 모든 시끄러운 소리를 뒤로하고 하나님께 시야를 고정하는 시간입니다. 그 시간은 에너지를 재충전하는 시간이고, 하나님께 복을 받는 시간이며, 무엇보다 가장 귀한 것을 하나님께 드리는 시간입니다. 비즈니스를 잠시 멈추고 예배를 드리는 것은 '하나님이 나의 주인이십니다'라는 신앙 고백이자 하나님의 자녀 됨을 선포하는 것입니다. 그러므로 주일은 하나님을 경배하기 위해, 그분이 주신 공동체를 섬기기 위해, 나를 위해 쉬어야 합니다.

느헤미야는 안식일에 관해서 개혁을 부르짖으며 다시 이렇게 기도했습니다.

"내가 또 레위 사람들에게 몸을 정결하게 하고 와서 성문을 지켜서 안식일을 거룩하게 하라 하였느니라 내 하나님이여 나를 위하여 이 일도 기억하시옵고 주의 크신 은혜대로 나를 아끼시옵소서"(느 13:22).

느헤미야는 거듭 간절한 마음으로 하나님이 이런 선한 일을 위하여서 은혜를 베푸시기를 기도했습니다. 또한 자기 자신을 위해서도 간구했습니다. 자기 자신이 지도자로서 하나님 앞에 온전히 설 수 있게 해 달라고 은혜를 구했습니다. 이렇게 느헤미야는 모든 새로운 결정을 할 때마다 기도하는 것을 잊지 않았습니다.

### 세상을 사랑하는 마음 개혁: 이방인과 혼인 금지

구약성경에서 이스라엘 민족에게 가장 많이 언급된 죄가 있다면 '이방 신을 섬기는 것'이었습니다. 그런데 이방 신을 섬기게 된 원인은 이방 민족과의 혼인에 있었습니다. 본문 말씀에는 이러한 혼인의 결과가 무엇인지를 알려 줍니다. 그들의 자녀가 아스돗 방언은 하면서 정작 모국어인 히브리어는 하지 못하게 된 것입니다. 이것을 본 느헤미야는 화가 머리끝까지 났습니다. 그래서 그 부모의 머리를 쥐어박고 머리털까지 뽑았습니다. 지금 같으면 고소감입니다.

언어는 사상의 뿌리입니다. 아무리 한국인의 정체성을 가르쳐도 언어를 가르치지 않으면 뿌리 자체가 생기지 않습니다. 이스라엘 민족에게도 히브리어를 가르치는 것은 생존의 문제였습니다. 언어가 사라지면 민족의 존폐가 위태로워집니다. 히브리어를 모르면 모세오경을 알 수 없고, 모세오경을 모르면 하나님을 알 수 없습니다. 중세 시대에 교회가 타락한 것도 성경을 읽지 못하게 했기 때문입니다.

성경에는 수많은 도덕 규범이 있습니다. 사회에서 배운 것보다 훨씬 수준 높은 행동 규범들이 제시되어 있습니다. 그런데 그리스도인들의 도덕 수준이 세상 사람들보다 못하다면 어떻게 하나님의 자녀라고 할 수 있겠습니까?

엘리아십은 대제사장이었습니다. 그러나 하나님의 말씀 가운데 세운 네 가지 개혁을 실천하지 않았을 때 그의 신앙은 삽시간에 무너졌습니다. 그는 사마리아군의 지도자 산발랏과 정략 결혼을 하고 내통까지 했습니다(느 13:28). 이는 그의 삶에 예배가 무너졌기 때문입니다. 느헤미야는 솔로몬도 언급했습니다.

> "또 이르기를 옛적에 이스라엘 왕 솔로몬이 이 일로 범죄하지 아니하였느냐 그는 많은 나라 중에 비길 왕이 없이 하나님의 사랑을 입은 자라 하나님이 그를 왕으로 삼아 온 이스라엘을 다스리게 하셨으나 이방 여인이 그를 범죄하게 하였나니 너희가 이방 여인을 아내로 맞아 이 모든 큰 악을 행하여 우리 하나님께 범죄하는 것을 우리가 어찌 용납하겠느냐"
> (느 13:26-27).

수문 앞 광장에 모였던 이스라엘 백성은 역사 속에서 반복되는 이와 같은 죄를 깨닫고 회개하며 순종하기로 언약했지만, 또다시 같은 죄를 범했습니다. 이와 같은 현실에서 느헤미야는 다시 개혁과 예배의 회복을 부르짖었습니다.

### 이제 다 같이 일어나 건축합시다

느헤미야 공동체의 강점은 말씀을 듣고 즉시 회개하며 행동으로 옮긴 것입니다. 느헤미야의 개혁은 이스라엘 백성에게 "무너진 영적인 성벽을 다시 건축하자"는 외침이었습니다. 느헤미야 1장에서 페르시아에서 온 젊은 총독이 예루살렘 성벽을 재건하자고 했을 때 백성들은 "우리가 함께 일어나 이 일을 감당하자"고 외쳤습니다. 우리는 공동체의 위기의 순간마다 이 외침을 잊지 말아야 합니다. 그리고 다시 회개하며 행동해야 합니다. 반드시 삶의 밀접한 부분에서 구체적으로 실천해야 합니다.

지금까지 느헤미야서를 통해 하나님이 느헤미야를 부르신 이유를 알아보았습니다. 하나님은 느헤미야를 통해 이스라엘 백성을 개혁시키고 회복시켜서 그들의 공동체를 다시 세우고자 하셨습니다. 그래서 느헤미야에게 1,500km나 떨어진 예루살렘의 참담한 소식을 듣게 하셨습니다. 그러자 느헤미야는 자신이 태어나지도 않은, 어찌 보면 자신과 전혀 상관이 없는 것 같은 조상들의 나라인 저 먼 예루살렘의 유민들이 이방 민족들에게 큰 핍박을 받는다는 이야기를 듣고 수일을 앉아서 슬퍼하며 금식하고 기도했습니다.

저는 이 대목에서 늘 가슴이 미어집니다. "무엇이 내 가슴을 뛰게 하는가." 하나님은 느헤미야서를 통해서 우리에게 질문하고 계십니다.

신앙은 다른 사람의 아픔을 내 아픔으로 받아들일 줄 아는 것입니다. 영성의 깊이 가운데 하나는 과연 내가 하나님의 사랑으로 다른 사람의 상처를 치유하고 공감하고픈 열망이 있는가에 있습니다.

특별히 다음 세대가 무너지고 있습니다. 대한민국의 주일학교 학생들의 48%가 팬데믹 동안 예배의 자리로 나오지 않았습니다. 어느 때보다 심각한 환경 가운데 있습니다. 다음 세대는 우리의 현재이자 우리의 미래입니다. 우리 자녀들의 신앙을 위해 이제 다 같이 다시 일어나 건축합시다.

우리의 죄는 역사를 통해 계속 반복된다. 그러므로 예배와 시간 그리고 세상을 사랑하는 마음의 개혁을 지속하며 다시 일어나 영혼의 건축을 시작해야 한다.

**적용 질문**

1. 내 영혼의 정결함을 위해 내버려야 할 '도비야의 물건'은 무엇입니까?
2. 느헤미야의 4가지 개혁 중에서 나에게 가장 필요한 개혁은 무엇입니까?
3. 하나님께 감사의 고백과 함께 십일조를 드리고 있습니까?

## 에필로그

# 너희와 너희 자녀를 위하여 울라!

책의 마지막 원고를 점검하며, 마지막 장을 읽어 내려갔습니다. 그때 제 마음을 다시 사로잡은 두 문장은 "지금 무엇이 내 가슴을 뛰게 하는가?", "무너진 다음 세대를 위하여 함께 일어나 건축합시다"였습니다.

그런데 오늘 새벽, 우리의 가슴을 아프게 하는 참담한 사건이 터졌습니다. 핼러윈 축제를 즐기기 위해 서울 이태원 중심에 나온 젊은이들이 너무 좁은 거리에 몰려들면서 압사 사고가 난 것입니다. 현장에 있던 수많은 청년이 목숨을 잃은 비극이었습니다.

교회에서 3년 만에 대면으로 블레싱전도축제를 시작하는 첫날이었는데, 온종일 마음이 무거웠습니다. 무엇보다 자신의 목숨과 같이 소중한 자녀를 한순간에 잃어버렸을 부모님의 마음을 생각하니, 같은 부모로서 너무나 마음이 미어졌습니다. 한편으로는 싸늘한 시신 앞에 통곡하는 유가족들의 마음을 하나님이 위로해 주시길 간절히 기도하고, 다른 한편으로는 우리 사회의 어떤 성벽들이 무너져 있는지 다시 한번 골몰하는 시간을 가졌습니다. 목회자로서 교회가 핼러윈의 의미를 적극적으로 가르치지 못했다는 후회와 연대적 책임감도 느꼈습니다.

예루살렘 공동체는 전쟁에 참패하여 성벽이 무너지고, 모든 민족이 고통당하는 시간을 오래 경험했습니다. 그리고 140여 년이 지난 어느 날, 그들은 하나님이 보내신 전쟁 포로의 후손인 느헤미야와 함께 마음을 모으고, 하나님이 주신 은혜를 힘입어, 단 52일 만에 성벽을 재건합니다. 그리고 수문 앞 광장에 모여 참으로 오랜만에 과거의 일을 회개하며 무너졌던 신앙을 다시 세우는 부흥을 경험합니다. 삶을 개혁하고 가정과 공동체도 회복했습니다.

그 결과 이전보다 안정되게 살게 되었습니다. 그런데 성벽 완공으로부터 10여 년이 지난 어느 날, 그들은 다시 신앙을 버리는 죄를 범하기 시작했습니다. 민족적으로 남부럽지 않게 성벽을 세우고, 예루살렘 도시를 형성하고, 경제적으로 안정도 누렸지만, 시간이 지나며 가장 중요한 한 가지를 다시 망각하고 있었습니다. 바로 하나님이 그들에게 부어 주셨던 은혜였습니다. 눈에 보이는 성벽은 완성했는데, 그들 마음의 성벽은 또다시 무너져 내리고 있었던 것입니다.

우리 대한민국은 전 세계에서 10위 안에 들어가는 경제 대국입니다. 그런데 지금 우리 사회는 정말 건강합니까? 예루살렘 성벽을 정말 완성한 걸까요? 정말 잘살고 있습니까?

저는 미국에서 20년을 넘게 살면서 핼러윈 시즌만 되면 기도가 절로 나왔습니다. 왜냐하면 축제가 진행되는 며칠이 미국 전역에서 범죄율이 가장 높고, 총기 사고가 빈번하게 일어나며, 마약 사용률이 최고조에 달하고, 살인과 범죄 영화가 가장 많이 상영되는 시간임을 피부로 실감했기 때문입니다. 자신들의 이익만을 생각하는 삐뚤어진 자본주의와 도덕성이 사라진 편향된 상업주의가 낳은 병폐입니다. 이제 대한민국도 마약, 핼러윈, 동성애 축제 등의 폐단에서 결코 안전한 나라가 아닙니다. 이렇게 된 데에는 우리 어른들 세대에 책임이 있음을 부인할 수 없습니다.

느헤미야서는 다음 세대를 세우는 책입니다. 눈에 보이는 물리적 성벽을 재건해야 할 뿐만 아니라, 그런 성벽을 재건할 수 있는 다음 세대를 키우는 강력한 공동체가 필요합니다. 성벽을 완공한 후 수문 앞 광장에는 예루살렘 공동체가 남녀노소 할 것 없이 모두 모여 있었습니다. 그들은 들은 말씀을 깨닫고 다 같이 울기 시작했습니다. 자녀들은 그 회개와 부흥의 현장을 보고 자랐습니다.

우리 1세대는 가정을 다시 세우기 위해, 다음 세대를 다시 세우기 위해, 교회 공동체와 민족을 다시 세우기 위해 울어야 합니다. 하나님 앞에서 울어야 합니다. 그래야 하나님이 그 울음이 지나간 마음의 한복판에 다시 한 송이의 장미꽃이 피는 소망과 기쁨을 채워 주실 것입니다. 살기 위해 울어야 합니다! 울어야 삽니다!

신앙은 역설입니다. 십자가와 부활이 그렇습니다. 로마 군병들에게 붙잡혀 매를 맞으시며 골고다 언덕으로 끌려가시던 주님이 남기신 이 한마디가 다시 가슴에 사무치는 주일 밤, 그리고 사실 핼러윈이 아닌 16세기의 또 다른 느헤미야인 마르틴 루터가 일으킨 종교개혁을 기념하는 주일 밤입니다.

"예수께서 돌이켜 그들을 향하여 이르시되 예루살렘의 딸들아 나를 위하여 울지 말고 너희와 너희 자녀를 위하여 울라"(눅 23:28).

그리스도인들이 울어야 예루살렘 성벽이 세워지고, 다음 세대가 살아나고, 우리 조국이 다시 살아납니다.

## 사명선언문

너희가 흠이 없고 순전하여……세상에서 그들 가운데 빛들로
나타내며 생명의 말씀을 밝혀 _ 빌 2:15-16

### 1. 생명을 담겠습니다
만드는 책에 주님 주신 생명을 담겠습니다.
그 책으로 복음을 선포하겠습니다.

### 2. 말씀을 밝히겠습니다
생명의 근본은 말씀입니다.
말씀을 밝혀 성도와 교회의 성장을 돕겠습니다.

### 3. 빛이 되겠습니다
시대와 영혼의 어두움을 밝혀 주님 앞으로 이끄는
빛이 되는 책을 만들겠습니다.

### 4. 순전히 행하겠습니다
책을 만들고 전하는 일과 경영하는 일에 부끄러움이 없는
정직함으로 행하겠습니다.

### 5. 끝까지 전파하겠습니다
모든 사람에게, 땅 끝까지, 주님 오시는 그날까지
복음을 전하는 사명을 다하겠습니다.

## 서점 안내

| | |
|---|---|
| **광화문점** | 서울시 종로구 새문안로 69 구세군회관 1층<br>02)737-2288 / 02)737-4623(F) |
| **강남점** | 서울시 서초구 신반포로 177 반포쇼핑타운 3동 2층<br>02)595-1211 / 02)595-3549(F) |
| **구로점** | 서울시 동작구 시흥대로 602, 3층 302호<br>02)858-8744 / 02)838-0653(F) |
| **노원점** | 서울시 노원구 동일로 1366 삼봉빌딩 지하 1층<br>02)938-7979 / 02)3391-6169(F) |
| **일산점** | 경기도 고양시 일산서구 중앙로 1391 레이크타운 지하 1층<br>031)916-8787 / 031)916-8788(F) |
| **의정부점** | 경기도 의정부시 청사로47번길 12 성산타워 3층<br>031)845-0600 / 031)852-6930(F) |
| **인터넷서점** | www.lifebook.co.kr |